콩나물쌤의 문해력 꽉 잡는
한자어 수업

8 특성

콩나물쌤의 문해력 꽉 잡는
한자어 수업 8(특성)

초판 1쇄 인쇄 2025년 6월 23일
초판 1쇄 발행 2025년 7월 3일

지은이 전병규
감수 김아미
펴낸이 이범상
펴낸곳 (주)비전비엔피·그린애플

책임편집 김혜경
기획편집 차재호 김승희 한윤지 박성아 신은정
디자인 김혜림 이민선 인주영
마케팅 이성호 이병준 문세희 이유빈
전자책 김희정 안상희 김낙기
관리 이다정
인쇄 새한문화사

주소 우) 04034 서울특별시 마포구 잔다리로7길 12 (서교동)
전화 02) 338-2411 | **팩스** 02) 338-2413
홈페이지 www.visionbp.co.kr
인스타그램 https://www.instagram.com/greenapple_vision
이메일 gapple@visionbp.co.kr

등록번호 제2021-000029호

ISBN 979-11-92527-94-9 64700
      979-11-92527-12-3 (세트)

· 값은 뒤표지에 있습니다.
· 잘못된 책은 구입하신 서점에서 바꿔드립니다.

 콩나물쌤을 예쁘게 색칠해 보세요!

저는 여러분의 문해력과 사고력이 콩나물처럼 쑥쑥 자라도록 도와주는 콩나물쌤이에요!

추천사

우리말에는 한자어가 많고, 교과서 속 어려운 개념어도 대부분 한자어입니다. 그렇기 때문에 문해력을 높이기 위해서는 한자를 아는 것이 매우 중요합니다. 한자 지식이 있으면 낱말의 뜻을 정확히 이해할 수 있고 학업에도 큰 도움이 됩니다. 그런데 한자 공부는 아이들에게 어렵고 외워야 하는 게 많아 부담스럽습니다. 이 책은 암기의 부담 없이 한자어를 익히면서 추론력, 어휘력, 탐구력까지 덤으로 키우는 구체적인 방법을 담고 있습니다. 문장 표현을 통해 자연스럽게 한자의 뜻을 짐작하고, 실제로 사용하면서 쉽고 재미있게 한자를 익히도록 구성되어 있습니다. 이 책을 통해 꾸준히 한자어를 익히면 모르는 단어를 만나더라도 그 의미를 유추하는 힘을 키울 수 있을 거예요. 한자 교육의 필요성을 알지만 어떻게 이끌어 줘야 할지 막막한 부모라면 아이에게 이 책을 주세요. 문해력 전문가 전병규 선생님이 알려 주는 노하우를 따라가다 보면 확실히 문해력을 키울 수 있을 겁니다.

오뚝이쌤 윤지영(초등학교 교사, 《엄마의 말 연습》 저자)

저는 어린 시절 다져 놓은 어휘력의 덕을 많이 본 학생이었습니다. 어릴 때 아버지께서 신문 읽기와 한자 공부를 강조하셨던 덕분인데요. 한자를 모두 외워 쓰지는 못했지만, 단어를 보고 이게 어떤 한자어로 조합된 단어인지, 단어의 정확한 의미가 무엇인지 쉽게 파악하고 추론할 수 있었습니다. 이는 국어, 사회 등을 비롯해 모든 과목의 학습에 커다란 무기가 되었습니다. 아직도 한자 공부는 한자 자체를 외워 쓰는 것이라 생각하는 사람이 많은데 이제는 인터넷과 사전이 발달되어 있기에 굳이 아이들이 한자를 모두 외워서 쓸 필요가 없습니다. 그보다는 한자어를 보고 그 의미를 파악하는 역량이 중요합니다. 그 역량은 아이들이 책을 읽을 때도, 학습할 때도 아주 큰 힘이 되어 줄 것입니다. 그런 점에서 이 책은 아이들이 한자어 학습을 쉽게, 동시에 '본질적인' 목적에 맞게 해나갈 수 있도록 도와주고 있습니다. 더불어 그 누구보다 아이들의 문해력과 어휘력 향상에 진심인 콩나물쌤과 함께 우리 학생들이 학습의 본질에 한 걸음 더 다가설 수 있길 바랍니다.

조승우(스몰빅클래스 대표)

영어를 가르치는 사람이지만 대학 때 국어교육도 같이 전공했습니다. 당시 한국 사람이기 때문에 국어가 더 쉬울 거라는 생각이 있었는데, 그것이 얼마나 편협한 생각인지 깨닫는 데는 한 달도 걸리지 않았습니다. 우리말 속의 한자어를 잘 몰랐기에, 열심히 글을 읽고도 내용이 이해되지 않아 많은 시간을 고생했기 때문입니다. 만약 내가 초등학교, 중학교 때 한자어로 된 어휘를 틈틈이 익혀 왔다면 그 힘든 시간을 좀 더 효율적으로 보내지 않았을까 하고 생각한 적도 있었습니다. 한국에서 살아가는 우리에게 한자어는 비단 공부와 관련된 것만은 아닙니다. 생활 속 어휘의 60% 이상은 한자어로 이루어져 있기에 결국 한자 문해력을 키우는 것은 생활의 질을 향상시키는 것이 됩니다. 똑같은 1시간을 공부하고 일해도 남들보다 3~4배 효율을 얻을 수 있다면 어떨까요? 이 책을 통해 매일매일 한자어의 의미를 추론해 보고, 글을 쓰거나 말할 때 한자어를 활용해 보면서, 자신의 삶을 더욱 풍성하게 만들어 보길 바랍니다.

혼공쌤 허준석(유튜브 혼공TV 운영자)

문해력을 키우는 힘

현대는 정보화 사회입니다. 세상에 존재하는 모든 것이 정보가 되며 세상 모든 곳에 정보가 있지요. 우리는 아침에 눈을 뜨는 순간부터 밤에 잠이 들 때까지 숱한 정보를 접하게 됩니다. 활용할 수 있는 정보가 이토록 넘치지만 모두가 정보를 잘 활용하는 것은 아닙니다. 정보를 읽고 이해해 나에게 필요하고 유용한가를 가려내려면 문해력이 있어야 합니다. 문해력이 부족하면 정보화 사회에 살면서도 정보를 제대로 사용할 수 없습니다. 결국 현대 사회에서 성공적으로 살아가기 힘들지요. 문해력은 21세기를 살아가는 우리 아이들이 반드시 갖추어야 할 능력입니다.

문해력은 성인이 되었을 때나 필요한 능력이 아닙니다. 문해력은 글을 읽고 이해하는 능력인 만큼 학생들에게 중요하고, 문해력에 따라 성적도 달라질 수 있습니다. 문해력은 이해력입니다. 문해력이 높은 아이들은 무엇이든지 잘 배우는 반면 낮은 아이들은 새로운 것을 잘 배우지 못합니다. 똑같은 내용을 똑같은 시간에 똑같은 선생님에게 똑같은 방법으로 배워도 아이마다 배움의 차이가 나는 이유이지요. 문해력은 공부의 도구 같은 겁니다. 날이 무뎌진 도끼로 나무를 벨 수 없듯 무딘 문해력으로는 공부를 잘 해낼 수 없습니다. 그러니 아이의 공부가 신경 쓰인다면 문해력부터 높여야 합니다.

문해력에 가장 큰 영향을 미치는 것은 어휘력입니다. 글은 어휘와 어휘가 연결되어 이루어지기 때문이에요. 모르는 어휘의 개수가 늘어나면 늘어날수록 글을 이해하기가 어렵습니다. 반대로 어휘를 많이 안다면 매우 유리하지요. 다행히 어휘의 중요성은 알지만 안타깝게도 올바른 어휘 학습법은 잘 모르는 경우가 많습니다. 대부분의 어른들이 잘못된 어휘 학습법을 아이에게 가르치고 있어요. 심지어 교육 전문가라고 이름난 분들 중에서도 잘못된 어휘 학습법을 소개하는 경우가 있어요. 그만큼 어휘를 학습하는 올바른 방법에 대한 이해가 부족한 것이 현실입니다.

흔히 쓰는 잘못된 어휘 학습법은 바로 어휘를 사전에 나온 정의대로 외우는 겁니다. 예를 들어 '협약'이라는 단어를 '협상에 의하여 조약을 맺음'이라고 사전에 나온 정의 그대로 외우는 식입니다. 이처럼 정의를 암기하면 어휘에 대한 이해가 전혀 생기지 않습니다. 어휘를 암기해서는 문해력이 늘지 않는 거예요. 어휘의 의미를 제대로 이해한 후 사용해야 진짜 어휘력과 문해력이 늘어납니다. 어휘의 의미를 제대로 이해하려면 먼저 한자를 알아야 해요. 우리말 어휘 중 무려 60%가 한자어이기 때문입니다. 이는 한자를 알면 전체 단어의 3분의 2가량을 쉽게 이해할 수 있다는 뜻입니다. 문해력에서 중요한 어휘의 3분의 2를 한자를 통해 학습할 수 있으니 한자어 학습은 문해력을 높이는 핵심이라고 해도 과언이 아니에요.

이 책은 문해력 전문가인 제가 저희 집 아이들을 가르치기 위해 정리한 내용으로 만들었습니다. 기존의 한자어 교재를 사용하려니 아쉬운 점이 있었기 때문입니다. 시중에 나와 있는 한자 교재는 크게 두 유형으로 나뉩니다. 한자에 초점이 맞춰진 경우와 어휘에 초점이 맞춰진 경우예요. 첫 번째 유형의 경우, 한자 자격증 취득에는 도움이 되겠지만 문해력 발달을 기대하기에는 무리가 있었습니다. 두 번째 유형의 경우, 어휘 학습에 초점을 맞추고는 있지만 어휘의 실제적 학습과 사용을 위해 꼭 필요한 요소들이 빠져 있었습니다. 어휘력 발달에 나름 효과가 있겠지만 최고의 효과를 내기에는 아쉬워 보였어요.

그래서 이 책을 쓰게 되었습니다. 이 책은 기존 한자어 교재의 두 가지 문제점을 보완했습니다. 우선 한자 자체보다 어휘력에 초점을 맞추었습니다. 한자를 익히는 것이 아닌 문해력을 키우는 것이 목적이니까요. 또 어휘를 깊고 제대로 이해할 수 있도록 최신 어휘 교육 이론을 따랐습니다. 여기에 초등학교에서 20년간 아이들을 가르치며 이론을 실제로 적용해 본 경험을 고스란히 녹였습니다. 이 책이 어떤 점에서 특별한지, 실제로 어떻게 사용해야 하는지는 바로 다음 내용에 자세히 담았습니다. 교육적 효과를 극대화하기 위해서는 어휘 학습의 원리와 이 책의 활용법을 이해하는 것이 정말 중요합니다. 그러니 다음 내용도 꼭 정독해 주세요.

이 책의 시리즈를 꾸준히 학습하면 다음과 같은 효과를 볼 수 있어요.

- ✓ 다양한 어휘를 알게 됩니다.
- ✓ 단어의 뜻을 깊이 이해하게 됩니다.
- ✓ 모르는 단어의 뜻을 스스로 유추하게 됩니다.
- ✓ 실제 문장에서 단어를 사용할 수 있게 됩니다.

이 책의 시리즈를 공부하고 나면 어휘를 학습하는 힘이 길러집니다. 이는 단순히 어휘를 몇 개 배우는 것보다 훨씬 중요한 일입니다. 앞으로 수업, 책, TV, 유튜브에서 새로운 단어를 만날 때마다 쉽게 익힐 수 있게 되니까요. 어휘를 습득할 수 있는 힘을 갖추고 나면 수업도 독서도 훨씬 쉬워지고 재미있어질 겁니다. 들으면 이해가 되니까 성적도 자연스럽게 오를 거고요. 《콩나물쌤의 문해력 꽉 잡는 한자어 수업》 시리즈를 통해 여러분 자녀의 문해력을 쑥쑥 키워 주시기 바랍니다.

★ **〈콩나물쌤의 문해력 꽉 잡는 한자어 수업〉은 책마다 주제가 달라요.**
초등 문해력 시리즈의 대미를 장식할 8권의 주제는 '특성'입니다. 8권에서는 특성과 관련된 한자가 나옵니다. 온, 열, 한, 랭, 근, 원, 직, 립 등이 있지요. 그리고 이 한자에서 파생되어 나온 한자어를 배우게 됩니다. 8권을 공부하고 나면 특성과 관련된 많은 한자와 한자어를 익힐 수 있을 겁니다.

이 책으로 아이들을 지도하는 선생님과 학부모님께

어휘력을 키우는
어휘 학습 원리와 이 책의 활용법

콩나물쌤의 강의를 먼저 듣고 공부를 시작하면 이해가 쏙쏙!
QR 코드를 스캔하면 강의 영상을 볼 수 있어요.

어휘력을 높이기 위해서는 먼저 어떻게 어휘를 학습하느냐가 중요합니다. 잘못된 방법으로 학습하면 힘만 들 뿐 실력은 크게 늘지 않습니다. 지금부터 효과를 극대화할 수 있는 올바른 한자어 학습 방법을 알려 드릴게요. 그리고 이것이 이 책의 구성과 어떻게 연결되어 있는지도 소개하겠습니다. 이 부분을 잘 읽고 학습할 때 적용해 보세요.

✏️ 어휘 학습 원리 1단계: **어휘를 짐작해 보세요!**

새로운 어휘를 처음 만나면 우선 그 뜻을 짐작해 보는 것이 중요해요. 성인은 평균 약 2~3만 개의 어휘를 아는데 이 중 학습을 통해서 알게 되는 어휘는 20% 내외라고 합니다. 대부분의 어휘는 생활 속에서 우연히 알게 돼요. 대화를 하다가 방송을 보다가 책을 읽다가 알게 되지요. 그런데 이럴 때마다 사전을 찾을 수는 없겠지요. 귀찮기도 하고 대화의 흐름이 끊기기 때문이에요. 그래서 모르는 단어를 만나면 먼저 추측을 해야 해요. 무슨 뜻인지 짐작해 보는 겁니다. 그렇게 해야 흐름을 깨지 않고 계속해서 새로운 단어를 배울 수 있습니다. 이 원리에 따라서 다음처럼 첫 번째 페이지를 학습하세요.

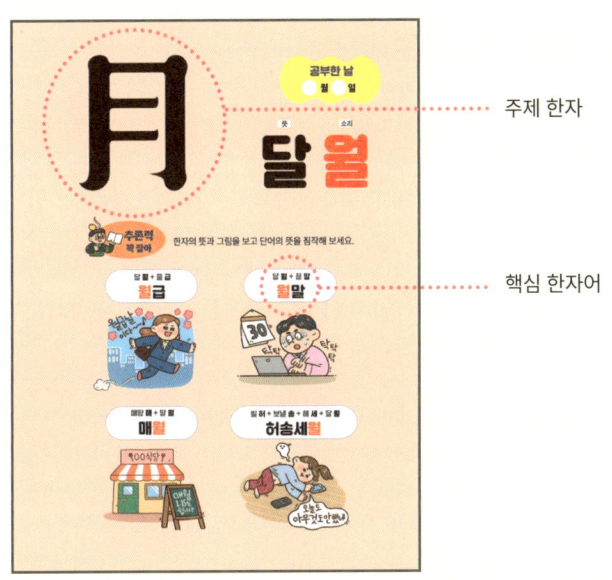

주제 한자

핵심 한자어

첫 페이지에는 우선 주제 한자가 제시됩니다. 오늘은 '달 월(月)'을 배울 차례군요. '달 월'을 세 번 정도 소리 내어 읽어 보세요. 한자는 써 보아도 좋지만 쓰지 않아도 무방합니다. 한자를 배우려는 게 아니니까요. 그 아래 '달 월'을 사용한 한자어 4개가 나옵니다. 이곳을 학습할 때가 정말 중요합니다. 많은 아이들이 대충 읽고 빨리 넘어가려 할 텐데 그래서는 곤란합니다. 여기서는 한자어를 이루는 한자의 뜻에 주목해야 합니다. '월말'을 볼까요? 월말은 '달 월 + 끝 말'로 이루어져 있어요. 이것을 보고 '월말'이 무슨 뜻일지 짐작해 봅니다. '한 달의 끝' 정도로 짐작할 수 있겠지요.

짐작이 맞고 틀리는 건 크게 중요하지 않아요. 짐작하면서 뜻을 생각해 보는 경험이 중요해요. 이 책 한 권에는 30개의 주제 한자와 120개의 핵심 한자어가 나와요. 이 120개의 핵심 한자어의 뜻을 짐작하다 보면 아이는 많은 것을 얻게 됩니다. 우선 한자어를 더 잘 이해하게 되지요. '월말'의 정의를 그냥 읽었을 때보다 뜻을 짐작해 본 후 읽으면 더 깊게 이해하게 됩니다. 뜻을 짐작하다 보면 '달 월'뿐 아니라 '끝 말'도 익히게 되지요. 마지막으로 단어의 뜻을 유추하는 힘이 커져요. 사실 이것이 가장 중요합니다. 이 책에서 120개, 이 책의 시리즈를 통해 수백 개의 한자어 뜻을 꾸준히 짐작해 보세요. 한자어가 구성되는 원리와 뜻을 짐작하는 방법을 익히게 됩니다. 그러면 앞으로 만나게 될 수천, 수만 개의 새로운 어휘를 학습하는 데 큰 힘이 될 거예요.

어휘 학습 원리 2단계: 예문을 통해 어휘를 이해해 보세요!

어휘에는 숨겨진 면이 많아서 정의만 봐서는 제대로 이해할 수 없습니다. 홀로 있는 단어의 정의만 따로 외워서는 배워도 배운 게 아닙니다. 문장과 떨어져 혼자 있는 단어는 생명력이 없어요. 단어는 반드시 문장 속에서 익혀야 해요. 다시 말해 어휘가 사용된 표현을 자세히 살펴봐야 한다는 뜻입니다. 문장 속에 자연스럽게 녹아든 어휘를 보면서 실제로 어떤 뜻으로 쓰였는지 생각해 보세요.

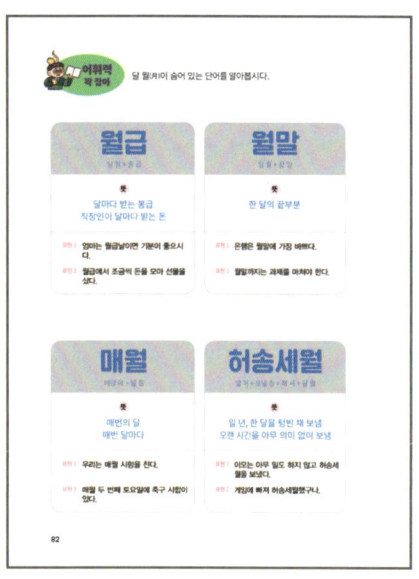

두 번째 페이지에서는 앞에서 짐작해 본 4개의 단어에 대해 조금 더 자세히 살펴봅니다. 우선 뜻이 나와 있습니다. 스스로 짐작한 뜻과 책에서 제시한 뜻을 비교해 보세요. '달 월', '끝 말'이라는 두 한자가 만나 '월말'이라는 한자어가 되었을 때 어떤 뜻이 되는지 생각해 봅니다. 단지 뜻을 확인하는 게 중요한 것이 아니라 어떻게 이런 뜻이 되는지 이해하려고 생각해 보는 게 중요합니다. 바로 아래에는 단어가 사용된 표현이 2개씩 나옵니다. 이 예문을 소리 내어 읽어 보세요. 단어가 실제로 어떻게 사용되는지 느껴 봅니다.

어휘 학습 원리 3단계: 어휘를 사용해 보세요!

어휘를 짐작하고 문장 속에서 이해했다면 다음으로 직접 사용해 보아야 합니다. 단어가 사용된 문장을 보는 것을 넘어 내가 직접 말하거나 쓰면서 사용하는 겁니다. 직접 단어를 사용해 보면 단어가 더 잘 기억납니다. 똑같은 말이라도 다른 사람이 한 말보다 내가 한 말을 더 잘 기억하기 때문입니다. 또 단어 사용이 좀 더 정확해집니다. 외국인이나 아이들은 단어를 좀 이상하게 사용하는 경우가 많아요. 단어는 알지만 실제로 어떻게 사용해야 하는지 잘 모르기 때문입니다. 이런 문제를 개선하려면 단어를 많이 사용하면서 틀리고 수정하는 과정을 거쳐야 합니다. 일단 사용하고 틀린 후 고쳐 나가야 하니 틀리는 것에 연연하면 안 됩니다.

세 번째 페이지에서는 글쓰기를 합니다. 앞에서 배운 4개의 단어를 이용해 나만의 글쓰기를 해 보세요. 아이들의 수준을 고려해 문장의 일부를 제시하고 이어 쓰도록 하였습니다. 우선은 빈칸을 채워 봅니다. 혹시 가능하다면 완전히 새로운 문장을 써 보세요. 제시된 글쓰기 아래에 한 줄 정도 공간이 있으니 여기에 써 보면 됩니다. 다시 강조하지만 틀리는 건 좋은 일입니다. 실수하고 틀리면서 배우니까요. 아이가 틀렸을 때 틀렸다고 혼내지 말고 '잘못된 방식을 하나 발견했구나' 하고 생각하세요. 부드러운 분위기에서 웃으면서 올바른 방식을 알려 주세요.

어휘 학습 원리 4단계: 어휘에 관심을 가져 보세요!

어휘력이 풍부한 사람은 예외 없이 단어에 관심이 많아요. 생소한 단어를 만나면 찾아보고 그 활용에 대해 생각해 보지요. 풍부한 어휘력을 갖추려면 평소 어휘에 관심을 갖는 것이 중요합니다. 말놀이처럼 재미있는 방식으로 아이가 어휘에 관심을 가지도록 해 보세요. 또 유사한 어휘를 구분해 보는 것도 좋아요.

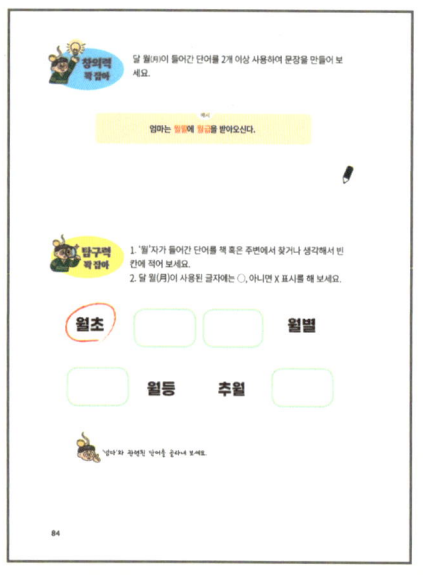

네 번째 페이지의 시작은 '창의력 꽉 잡아'입니다. 여기서는 핵심 한자어를 2개 이상 사용하여 한 문장으로 글을 씁니다. '달 월'에서 배운 주제 단어는 월급, 월말, 매월, 허송세월입니다. 이 중 2개를 한 문장 안에서 사용하는 거예요. '창의력 꽉 잡아'는 말놀이와 글쓰기를 결합한 활동이에요. 어휘를 재미있게 사용하면서 어휘력과 어휘에 대한 관심을 동시에 높여 줍니다. 두 단어를 한 문장 안에서 연결해 사용하라는 제한이 아이의 창의력을 높여 주지요.

'탐구력 꽉 잡아'에서는 배우지 않은 새로운 단어를 탐색해 봅니다. 이번 주제 한자는 月(달 월)이잖아요? 그래서 '달 월'이 들어간 단어 2개, '달 월'이 아닌 다른 뜻의 '월'이 들어간 단어 2개, 그리고 빈칸 4개를 제시했어요. 우선 제시된 4개의 단어에서 '달 월'이 사용된 단어와 그렇지 않은 단어를 구분해 보세요. 이를 통해 '월'이라고 해서 모두 '달 월'의 뜻으로 쓰인 게 아니라 또 다른 뜻의 '월'이 있다는 걸 알게 됩니다. 이후에는 '월'이 들어간 4개의 새로운 단어를 찾아보세요. 사전을 찾아볼 수도 있고 가족과 함께 찾아보아도 좋아요. 책을 읽거나 길을 걷다가 간판에서 찾게 될 수도 있지요. 모두 제시하지 않고 빈칸으로 남겨둔 것은 단어에 관심을 갖도록 하기 위해서입니다. 일상생활에서 이렇게 단어를 찾다 보면 '단어 의식word consciousness'이 높아져요. 단어 의식이 높아지면 어휘를 학습하지 않는 일상의 모든 순간에도 어휘력이 계속해서 성장할 수 있습니다.

추천사 4

프롤로그 문해력을 키우는 힘 6

어휘력을 키우는 어휘 학습 원리와 이 책의 활용법 10

1주차

따뜻할 온 온도 / 온수 / 고온 / 지구온난화 19

더울 열 열기 / 열정 / 가열 / 이열치열 23

찰 한 한파 / 방한 / 한랭 / 순망치한 27

찰 랭 냉수 / 냉면 / 냉대 / 냉동식품 31

가까울 근 근시 / 근처 / 접근 / 근묵자흑 35

1주차 복습 39

2주차

멀 원 원시 / 원격 / 원대 / 영원불멸 43

급할 급 급격 / 급등 / 위급 / 불요불급 47

빠를 속 속도 / 시속 / 가속 / 속전속결 51

온전할 전 전국 / 전원 / 완전 / 전심전력 55

반 반 반반 / 후반 / 반도 / 반신반의 59

2주차 복습 63

3주차

바를 정 정확 / 정직 / 정문 / 정정당당　67

곧을 직 직진 / 수직 / 직후 / 불문곡직　71

설 립 독립 / 국립 / 대립 / 입신양명　75

통할 통 통신 / 통과 / 통분 / 일방통행　79

평평할 평 평화 / 평등 / 평균 / 태평성대　83

3주차 복습　87

4주차

한가지 동 동생 / 동일 / 협동 / 동병상련　91

새 신 신문 / 신년 / 신기술 / 온고지신　95

옛 고 고물 / 고서 / 고대 / 고전문학　99

맑을 청 청정 / 청소 / 청결 / 청렴결백　103

밝을 명 조명 / 발명 / 명료 / 명약관화　107

4주차 복습　111

5주차

향할 향 상향 / 의향 / 성향 / 풍향계　115

대할 대 대응 / 대상 / 적대 / 대인 관계　119

기운 기 기온 / 기체 / 습기 / 생기발랄　123

필 발 발생 / 발달 / 출발 / 노발대발　127

사라질 소 소독 / 소비 / 소모 / 소화 불량　131

5주차 복습　135

6주차

있을 재 존재 / 재직 / 부재 / 자유자재　139

근본 본 본능 / 본심 / 본론 / 본말전도　143

쓸 고 고통 / 고심 / 노고 / 고진감래　147

합할 합 합리 / 합의 / 합법 / 오합지졸　151

특별할 특 특색 / 특이 / 특허 / 특별 대우　155

6주차 복습　159

정답　162

공부한 날
◯월 ◯일

溫 따뜻할 온
(뜻) (소리)

추론력 꽉 잡아

한자의 뜻과 그림을 보고 단어의 뜻을 짐작해 보세요.

따뜻할 온 + 정도 도
온도

따뜻할 온 + 물 수
온수

높을 고 + 따뜻할 온
고온

땅 지 + 공 구 + 따뜻할 온 + 따뜻할 난 + 될 화
지구온난화

 따뜻할 온(溫)이 숨어 있는 단어를 알아봅시다.

온도
따뜻할 온 + 정도 도

뜻
따뜻한 정도

표현 1 조금 추워서 보일러 온도를 올렸다.

표현 2 적당한 온도가 되면 꽃이 핀다.

온수
따뜻할 온 + 물 수

뜻
따뜻한 물

표현 1 온수로 목욕하고 나니 피로가 풀린다.

표현 2 온수가 끊겨서 찬물로 씻었다.

고온
높을 고 + 따뜻할 온

뜻
높은 온도

표현 1 고온에서는 음식이 쉽게 상한다.

표현 2 사하라 사막은 고온 건조하다.

지구온난화
땅 지 + 공 구 + 따뜻할 온 + 따뜻할 난 + 될 화

뜻
지구의 기온이 높아지는 현상

표현 1 환경 오염으로 지구온난화가 심해지고 있다.

표현 2 지구온난화로 다양한 자연재해가 일어나고 있다.

 따뜻할 온(溫)을 넣어 한 문장 글쓰기를 해 보세요.

온도 _{따뜻한 정도}

온도가 떨어지자

온수 _{따뜻한 물}

어제는

고온 _{높은 온도}

고온이 지속되자

지구온난화 _{지구의 기온이 높아지는 현상}

지구온난화를 막으려면

 따뜻할 온(溫)이 들어간 단어를 2개 이상 사용하여 문장을 써 보세요.

예시
지구온난화로 10월까지 고온 현상이 지속되었다.

1. 단어에 '온'이 들어간 경우를 책 혹은 주변에서 찾아 빈칸에 써 보세요.
2. 따뜻할 온(溫)이 사용된 단어에는 ○, 아니면 X를 표시해 보세요.

온실
(난방 장치를 한 방)

평온
(평안하고 안온함)

온천
(따뜻한 물이 솟아 나오는 샘)

온건
(생각이나 행동이 평온하고 건실함)

 '평온함'과 관련된 단어를 골라내 보세요.

熱 더울 열

공부한 날 ○월 ○일

(뜻) 더울 (소리) 열*

추론력 꽉 잡아 한자의 뜻과 그림을 보고 단어의 뜻을 짐작해 보세요.

더울 열 + 기운 기
열기

더울 열 + 사랑 정
열정

더할 가 + 더울 열
가열

써 이 + 더울 열 + 다스릴 치 + 더울 열
이열치열

★ '더울 열'은 뜨겁다는 뜻으로도 많이 사용됩니다.

 더울 열(熱)이 숨어 있는 단어를 알아봅시다.

열기
더울 열 + 기운 기

뜻
뜨거운 기운

표현1 주전자에서 열기를 느낄 수 있었다.

표현2 시합은 점점 열기를 더해 가고 있다.

열정
더울 열 + 사랑 정

뜻
어떤 일에 뜨거운 애정을 가짐

표현1 그는 열정을 다해 일했다.

표현2 열정을 다해 그렸지만 만족할 수 없었다.

가열
더할 가 + 더울 열

뜻
어떤 물질에 열을 가함

표현1 우유는 가열해서 살균한다.

표현2 유리컵을 가열하자 깨져 버렸다.

이열치열
써 이 + 더울 열 + 다스릴 치 + 더울 열

뜻
열을 열로써 다스림

표현1 여름철에는 뜨거운 삼계탕으로 이열치열한다.

표현2 운동을 통해 땀을 빼서 이열치열했다.

 더울 열(熱)을 넣어 한 문장 글쓰기를 해 보세요.

열기 _{뜨거운 기운}

열기가 있다면

열정 _{어떤 일에 뜨거운 애정을 가짐}

열정이 없다면

가열 _{어떤 물질에 열을 가함}

엄마가

이열치열 _{열을 열로써 다스림}

나는 이열치열로

 더울 열(熱)이 들어간 단어를 2개 이상 사용하여 문장을 써 보세요.

예시

운동장은 **열정** 가득한 선수들의 **열기**로 가득 찼다.

 1. 단어에 '열'이 들어간 경우를 책 혹은 주변에서 찾아 빈칸에 써 보세요.
2. 더울 열(熱)이 사용된 단어에는 ○, 아니면 X를 표시해 보세요.

 '보다', '관찰하다'와 관련된 단어를 골라내 보세요.

공부한 날　월　일

뜻　소리
찰 **한**

한자의 뜻과 그림을 보고 단어의 뜻을 짐작해 보세요.

찰 한 + 물결 파
한파

막을 방 + 찰 한
방한

찰 한 + 찰 랭
한랭

입술 순 + 망할 망 + 이 치 + 찰 한
순망치한

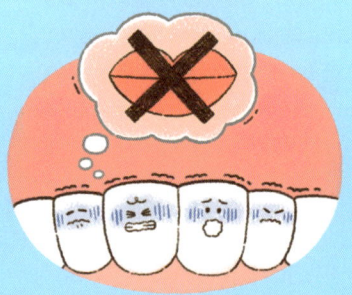

찰 한(寒)이 숨어 있는 단어를 알아봅시다.

한파
찰 한 + 물결 파

 뜻

차가운 기온이 물결처럼 밀려 옴
갑자기 기온이 떨어지는 현상

표현 1 한파가 닥쳐서 거리에 사람이 없다.

표현 2 한파에 대비해 난로를 구입했다.

방한
막을 방 + 찰 한

 뜻

추위를 막음

표현 1 털모자는 방한 효과가 뛰어나다.

표현 2 추위가 오기 전에 방한 용품을 구입했다.

한랭
찰 한 + 찰 랭

 뜻

날씨 따위가 춥고 참

표현 1 한랭한 겨울바람이 몰아치고 있다.

표현 2 동해안은 남해안보다 한랭하다.

순망치한
입술 순 + 망할 망 + 이 치 + 찰 한

 뜻

입술이 없으면 이가 시림
가까운 관계에서는 한쪽이 망하면
다른 한쪽도 피해를 입음

표현 1 순망치한이라 했으니 우리가 힘을 합쳐야 합니다.

표현 2 순망치한이거늘 내가 어찌 너를 배신하겠느냐?

 찰 한(寒)을 넣어 한 문장 글쓰기를 해 보세요.

한파 차가운 기온이 물결처럼 밀려 옴
한파가 몰아치면

방한 추위를 막음
옷이 얇아

한랭 날씨 따위가 춥고 참
날씨가 한랭할 때는

순망치한 입술이 없으면 이가 시림
만약

 찰 한(寒)이 들어간 단어를 2개 이상 사용하여 문장을 써 보세요.

예시
한파가 몰아치자 **방한용품**이 불티나게 팔렸다.

1. 단어에 '한'이 들어간 경우를 책 혹은 주변에서 찾아 빈칸에 써 보세요.
2. 찰 한(寒)이 사용된 단어에는 ○, 아니면 X를 표시해 보세요.

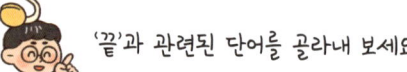 '끝'과 관련된 단어를 골라내 보세요.

冷

찰(뜻) 랭(소리)

추론력 꽉 잡아 한자의 뜻과 그림을 보고 단어의 뜻을 짐작해 보세요.

찰 랭 + 물 수
냉수

찰 랭 + 국수 면
냉면

찰 랭 + 대접할 대
냉대

찰 랭 + 얼 동 + 먹을 식 + 물건 품
냉동식품

★ '랭'은 단어의 앞에 위치하면 '냉'으로 씁니다.

찰 랭(冷)이 숨어 있는 단어를 알아봅시다.

냉수
찰 랭 + 물 수

뜻
차가운 물

표현1 운동 후 냉수 한 컵을 마셨다.

표현2 냉수를 마시자 정신이 들었다.

냉면
찰 랭 + 국수 면

뜻
차가운 면 요리

표현1 나는 냉면을 가장 좋아한다.

표현2 물냉면 위에는 계란이 올라가 있었다.

냉대
찰 랭 + 대접할 대

뜻
차갑게 대접함

표현1 친구에게 냉대를 받아 속상하다.

표현2 그는 사람들의 냉대를 이겨 내고 성공했다.

냉동식품
찰 랭 + 얼 동 + 먹을 식 + 물건 품

뜻
차게 얼려 둔 먹을거리

표현1 그는 주로 냉동식품을 먹었다.

표현2 냉동실에는 냉동식품이 가득했다.

 찰 랭(冷)을 넣어 한 문장 글쓰기를 해 보세요.

냉수 차가운 물

여름에는 _____

냉면 차가운 면 요리

추운 날에 _____

냉대 차갑게 대접함

그는 _____

냉동식품 차게 얼려 둔 먹을거리

우리 집은 _____

 찰 랭(冷)이 들어간 단어를 2개 이상 사용하여 문장을 써 보세요.

예시
냉면을 먹고 냉수까지 한 컵 마셨더니 배탈이 났다.

 다음 '찰 랭'이 들어간 어휘와 그 뜻으로 알맞은 것을 골라 선으로 연결하세요.

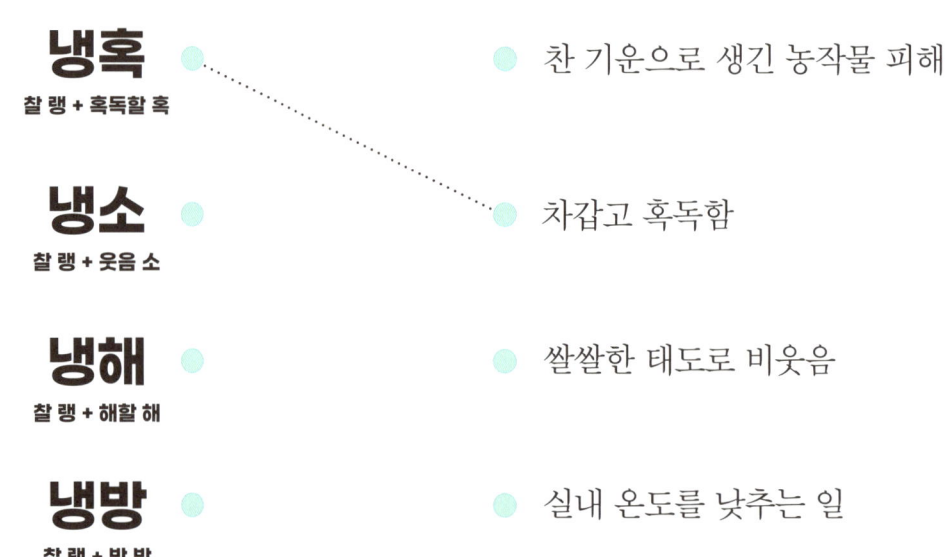

냉혹 찰 랭 + 혹독할 혹 — 찬 기운으로 생긴 농작물 피해

냉소 찰 랭 + 웃음 소 — 차갑고 혹독함

냉해 찰 랭 + 해할 해 — 쌀쌀한 태도로 비웃음

냉방 찰 랭 + 방 방 — 실내 온도를 낮추는 일

近 가까울 근

뜻 / 소리

공부한 날 ◯월 ◯일

추론력 꽉 잡아

한자의 뜻과 그림을 보고 단어의 뜻을 짐작해 보세요.

가까울 근 + 볼 시
근시

가까울 근 + 곳 처
근처

가까이 갈 접 + 가까울 근
접근

가까울 근 + 먹 묵 + 사람 자 + 검을 흑
근묵자흑

 가까울 근(近)이 숨어 있는 단어를 알아봅시다.

근시
가까울 근 + 볼 시

뜻
먼 곳은 잘 보이지 않고 가까운 곳만 잘 보이는 시력

- 표현 1 근시로 인해 안경 없이는 잘 보이지 않는다.
- 표현 2 근시가 있어 안경을 맞추러 갔다.

근처
가까울 근 + 곳 처

뜻
가까운 곳

- 표현 1 학교 근처에 문구점이 있다.
- 표현 2 형은 직장 근처에 방을 얻었다.

접근
가까이 갈 접 + 가까울 근

뜻
가까이 다가감

- 표현 1 수상한 사람이 접근해 왔다.
- 표현 2 경호원이 그의 접근을 막았다.

근묵자흑
가까울 근 + 먹 묵 + 사람 자 + 검을 흑

뜻
먹을 가까이하면 검어짐
나쁜 사람과 가까이 지내면 물들기 쉬움

- 표현 1 근묵자흑이라고 나쁜 사람을 가까이 하면 나도 나빠지는 법이다.
- 표현 2 근묵자흑이라고 했으니 그를 멀리해야 한다.

가까울 근(近)을 넣어 한 문장 글쓰기를 해 보세요.

근시 먼 곳은 잘 보이지 않고 가까운 곳만 잘 보이는 시력

옛날에는 _____

근처 가까운 곳

우리집 근처에는 _____

접근 가까이 다가감

강아지에게 _____

근묵자흑 먹을 가까이하면 검어짐

근묵자흑이라고 하지만 _____

 **창의력 꽉 잡아** 가까울 근(近)이 들어간 단어를 2개 이상 사용하여 문장을 써 보세요.

예시
예부터 근묵자흑이라 했으니 나쁜 사람 근처에는 가지 말아라.

 **탐구력 꽉 잡아**

1. 단어에 '근'이 들어간 경우를 책 혹은 주변에서 찾아 빈칸에 써 보세요.
2. 가까울 근(近)이 사용된 단어에는 ○, 아니면 X를 표시해 보세요.

근래 (가까운 요즈음)   근검 (부지런하고 검소함)
근교 (도심에서 가까운 지역)   근면 (부지런히 일에 힘씀)

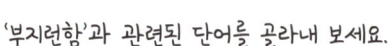 '부지런함'과 관련된 단어를 골라내 보세요.

1주 차 복습

콩나물쌤의 강의를 먼저 듣고 공부를 시작하면 이해가 쏙쏙!
QR 코드를 스캔하면 강의 영상을 볼 수 있어요.

1. 다음 어휘를 보고 그 뜻으로 알맞은 것을 골라 선으로 연결하세요.

온도 ●	● 어떤 일에 뜨거운 애정을 가짐
열정 ●	● 먼 곳은 잘 보이지 않고 가까운 곳만 잘 보이는 시력
한랭 ●	● 따뜻한 정도
냉동식품 ●	● 차게 얼려 둔 먹을거리
근시 ●	● 날씨 따위가 춥고 참

2. 다음 뜻을 가진 어휘를 쓰세요.

3. 다음의 뜻이 되도록 보기에서 알맞은 한자어를 골라 쓰세요.

 가까울 **근**, 더울 **열**, 찰 **한**, 찰 **랭**, 따뜻할 **온**

1) 차가운 면 요리 ➡ ☐ + 국수 **면**

2) 가까이 다가감 ➡ 가까이 갈 **접** + ☐

3) 높은 온도 ➡ 높을 **고** + ☐

4) 열을 열로써 다스림 ➡ 써 **이** + ☐ + 다스릴 **치** + 더울 **열**

5) 차가운 기온이 물결처럼 밀려 옴 ➡ ☐ + 물결 **파**

4. 다음 어휘를 이용해 한 문장 글쓰기를 해 보세요.

지구온난화

➡ _____

열기

➡ _____

방한

➡ _____

냉대

➡ _____

근묵자흑

➡ _____

공부한 날 ◯월 ◯일

뜻 소리
멀 **원**

한자의 뜻과 그림을 보고 단어의 뜻을 짐작해 보세요.

멀 원 + 볼 시
원시

멀 원 + 사이 뜰 격
원격

멀 원 + 큰 대
원대

길 영 + 멀 원 + 아닐 불 + 다할 멸
영원불멸

 멀 원(遠)이 숨어 있는 단어를 알아봅시다.

원시
멀 원 + 볼 시

뜻
가까운 곳은 잘 보이지 않고 먼 곳은 잘 보이는 시력

표현 1 학생은 근시, 노인은 원시인 경우가 많다.
표현 2 원시라면 돋보기를 써야 한다.

원격
멀 원 + 사이 뜰 격

뜻
멀리 떨어져 있음

표현 1 드론은 원격으로 조종할 수 있다.
표현 2 인터넷을 통해 원격 교육을 받았다.

원대
멀 원 + 큰 대

뜻
멀고 큰 꿈을 꿈

표현 1 그는 원대한 꿈을 갖고 열심히 공부했다.
표현 2 원대한 꿈이 있다면 노력은 필수다.

영원불멸
길 영 + 멀 원 + 아닐 불 + 다할 멸

뜻
영원히 없어지지 않음

표현 1 우리 사랑은 영원불멸할 거야.
표현 2 이순신 장군은 우리 마음속에 영원불멸하다.

 멀 원(遠)을 넣어 한 문장 글쓰기를 해 보세요.

원시 가까운 곳은 잘 보이지 않고 먼 곳은 잘 보이는 시력

원시가 오면

원격 멀리 떨어져 있음

원격 교육은

원대 멀고 큰 꿈을 꿈

사람들은

영원불멸 영원히 없어지지 않음

영원불멸하려면

 멀 원(遠)이 들어간 단어를 2개 이상 사용하여 문장을 써 보세요.

예시
그는 **영원불멸**하는 무언가를 만들겠다는 **원대**한 꿈을 가지고 있다.

1. 단어에 '원'이 들어간 경우를 책 혹은 주변에서 찾아 빈칸에 써 보세요.
2. 멀 원(遠)이 사용된 단어에는 ○, 아니면 X를 표시해 보세요.

원근
(멀고 가까움)

원양
(먼 바다)

원수
(한 나라의 최고 지도자)

장원
(과거 시험에서 1등으로 합격함)

 '가장 뛰어남'과 관련된 단어를 골라내 보세요.

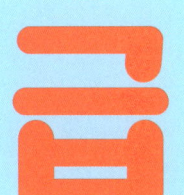

공부한 날 　월　일

急

뜻　　　소리
급할 **급**

추론력 꽉 잡아

한자의 뜻과 그림을 보고 단어의 뜻을 짐작해 보세요.

급할 급 + 격할 격
급격

급할 급 + 오를 등
급등

위태할 위 + 급할 급
위급

아닐 불 + 요긴할 요 + 아닐 불 + 급할 급
불요불급

급할 급(急)이 숨어 있는 단어를 알아봅시다.

급격
급할 급 + 격할 격

뜻
급하고 격렬함

표현1 체중이 급격하게 늘어났다.

표현2 사회가 급격히 변해 적응하기 어렵다.

급등
급할 급 + 오를 등

뜻
가격 따위가 급하게 오름

표현1 기온이 급등해 너무 덥다.

표현2 설을 앞두고 배추 가격이 급등했다.

위급
위태할 위 + 급할 급

뜻
몹시 위태롭고 급함

표현1 위급할 때는 119에 전화하면 된다.

표현2 위급할수록 침착하게 행동해야 한다.

불요불급
아닐 불 + 요긴할 요 + 아닐 불 + 급할 불

뜻
필요하지도 않고 급하지도 않음

표현1 불요불급한 물건은 사지 않도록 해라.

표현2 불요불급한 물건을 버리고 방을 정리하렴.

 급할 급(急)을 넣어 한 문장 글쓰기를 해 보세요.

급격 급하고 격렬함

_____ 급격히 변했다.

급등 가격 따위가 급하게 오름

과자 값이 급등하면 _____

위급 몹시 위태롭고 급함

위급하지만 _____

불요불급 필요하지도 않고 급하지도 않음

불요불급하다면 _____

 **창의력 꽉 잡아** 급할 급(急)이 들어간 단어를 2개 이상 사용하여 문장을 써 보세요.

예시
위급한 상황에서는 **불요불급**한 행동을 줄여야 한다.

 **탐구력 꽉 잡아**
1. 단어에 '급'이 들어간 경우를 책 혹은 주변에서 찾아 빈칸에 써 보세요.
2. 급할 급(急)이 사용된 단어에는 ○, 아니면 X를 표시해 보세요.

 '등급'과 관련된 단어를 골라내 보세요.

速

뜻 빠를 **소리** 속

공부한 날 ○월 ○일

추론력 꽉 잡아 — 한자의 뜻과 그림을 보고 단어의 뜻을 짐작해 보세요.

빠를 속 + 정도 도
속도

때 시 + 빠를 속
시속

더할 가 + 빠를 속
가속

빠를 속 + 싸움 전 + 빠를 속 + 결단할 결
속전속결

빠를 속(速)이 숨어 있는 단어를 알아봅시다.

속도
빠를 속 + 정도 도

뜻
물체가 나아가거나 일이 진행되는 빠르기

표현 1 속도를 줄여서 안전운전했다.

표현 2 높은 속도로 달리다 결국 넘어졌다.

시속
때 시 + 빠를 속

뜻
1시간을 단위로 잰 속도

표현 1 1시간에 30km를 가면 시속 30km라고 한다.

표현 2 KTX는 최대 시속 300km이다.

가속
더할 가 + 빠를 속

뜻
점점 속도를 더함

표현 1 언덕을 내려가자 킥보드는 점차 가속되었다.

표현 2 로켓은 점차 가속되며 사라졌다.

속전속결
빠를 속 + 싸움 전 + 빠를 속 + 결단할 결

뜻
오래 끌지 않고 빨리 몰아쳐 승패를 결정함

표현 1 속전속결로 문제를 해결하고 쉬었다.

표현 2 속전속결로 대충 청소하다 혼이 났다.

 빠를 속(速)을 넣어 한 문장 글쓰기를 해 보세요.

속도
물체가 나아가거나 일이 진행되는 빠르기

기차 속도가 _____

시속
1시간을 단위로 잰 속도

비행기의 시속은 _____

가속
점점 속도를 더함

가속을 하려면 _____

속전속결
오래 끌지 않고 빨리 몰아쳐 승패를 결정함

마음이 급해 _____

 빠를 속(速)이 들어간 단어를 2개 이상 사용하여 문장을 써 보세요.

> 예시
> **시속** 50km로 달리던 자동차가 점차 **가속**하기 시작했다.

1. 단어에 '속'이 들어간 경우를 책 혹은 주변에서 찾아 빈칸에 써 보세요.
2. 빠를 속(速)이 사용된 단어에는 ○, 아니면 X를 표시해 보세요.

 '묶거나 가두어 두는 것'과 관련된 단어를 골라내 보세요.

全 온전할 전

공부한 날 ○월 ○일

(뜻) 온전할 (소리) 전*

추론력 꽉 잡아

한자의 뜻과 그림을 보고 단어의 뜻을 짐작해 보세요.

온전할 전 + 나라 국
전국

온전할 전 + 인원 원
전원

완전 완 + 온전할 전
완전

온전할 전 + 마음 심 + 온전할 전 + 힘 력
전심전력

★ '모두', '완전', '전체' 등의 뜻으로 쓰입니다.

온전할 전(全)이 숨어 있는 단어를 알아봅시다.

전국
온전할 전 + 나라 국

뜻
한 나라의 전체

- 표현1 과학 대회가 열려 전국에서 학생들이 모였다.
- 표현2 전국에 큰비가 내리고 있습니다.

전원
온전할 전 + 인원 원

뜻
모든 인원

- 표현1 우리 반 전원이 힘을 합쳐 청소했다.
- 표현2 한 명도 빠짐없이 전원이 뭉쳤다.

완전
완전 완 + 온전할 전

뜻
모두 갖추어져 부족함이 없음

- 표현1 어려운 내용이지만 완전히 이해했다.
- 표현2 하늘이 구름 한 점 없이 완전 맑다.

전심전력
온전할 전 + 마음 심 + 온전할 전 + 힘 력

뜻
온 마음과 온 힘을 기울임

- 표현1 전심전력으로 노력하면 꿈을 이룰 수 있다.
- 표현2 그는 불우한 이웃을 전심전력으로 도왔다.

 온전할 전(全)을 넣어 한 문장 글쓰기를 해 보세요.

전국 한 나라의 전체
전국의 학생들과

전원 모든 인원
어제는

완전 모두 갖추어져 부족함이 없음
숙제를

전심전력 온 마음과 온 힘을 기울임
좋아하는 일을

 **창의력 꽉 잡아** 온전할 전(全)이 들어간 단어를 2개 이상 사용하여 문장을 써 보세요.

> 예시
> **전원**이 **전심전력**으로 훈련한 덕분에 **전국**에서 우승할 수 있었다.

 **탐구력 꽉 잡아**
1. 단어에 '전'이 들어간 경우를 책 혹은 주변에서 찾아 빈칸에 써 보세요.
2. 온전할 전(全)이 사용된 단어에는 ○, 아니면 X를 표시해 보세요.

'싸움'과 관련된 단어를 골라내 보세요.

공부한 날　월　일

뜻　소리

 한자의 뜻과 그림을 보고 단어의 뜻을 짐작해 보세요.

반 반 + 반 반
반반

뒤 후 + 반 반
후반

반 반 + 섬 도
반도

반 반 + 믿을 신 + 반 반 + 의심할 의
반신반의

 반 반(半)이 숨어 있는 단어를 알아봅시다.

반반
반 반 + 반 반

뜻
절반으로 나누어서 가른 각각의 몫

표현1 피자를 반반으로 나누어 친구와 먹었다.

표현2 두 가지 맛을 반반 섞어서 먹었다.

후반
뒤 후 + 반 반

뜻
전체를 둘로 나눈 것의 뒤쪽 반

표현1 경기 후반으로 갈수록 체력이 떨어졌다.

표현2 이 책은 후반이 더 재미있다.

반도
반 반 + 섬 도

뜻
삼면이 바다로 둘러싸이고 한 면은 육지에 이어진 땅

표현1 우리나라는 한반도라고도 불린다.

표현2 이탈리아는 지중해에 위치한 반도이다.

반신반의
반 반 + 믿을 신 + 반 반 + 의심할 의

뜻
반은 믿고 반은 의심함

표현1 반신반의하며 친구의 말을 들었다.

표현2 비가 온다는데 하늘이 맑아 반신반의했다.

 반 반(半)을 넣어 한 문장 글쓰기를 해 보세요.

반반 _{절반으로 나누어서 가른 각각의 몫}

남자와 여자가 [　　　　　　　　　　]

후반 _{전체를 둘로 나눈 것의 뒤쪽 반}

여름 방학 후반에는 [　　　　　　　　　　]

반도 _{삼면이 바다로 둘러싸이고 한 면은 육지에 이어진 땅}

반도의 장점은 [　　　　　　　　　　]

반신반의 _{반은 믿고 반은 의심함}

[　　　　　　　　　　　　　　　　] 반신반의했다.

 반 반(半)이 들어간 단어를 2개 이상 사용하여 문장을 써 보세요.

예시
한반도에 UFO가 나타났다는 말에 **반신반의**했다.

1. 단어에 '반'이 들어간 경우를 책 혹은 주변에서 찾아 빈칸에 써 보세요.
2. 반 반(半)이 사용된 단어에는 ○, 아니면 X를 표시해 보세요.

'반대'와 관련된 단어를 골라내 보세요.

2주 차 복습

콩나물쌤의 강의를 먼저 듣고 공부를 시작하면 이해가 쏙쏙!
QR 코드를 스캔하면 강의 영상을 볼 수 있어요.

1. 다음 어휘를 보고 그 뜻으로 알맞은 것을 골라 선으로 연결하세요.

원시 •	• 가격 따위가 급하게 오름
급등 •	• 점점 속도를 더함
가속 •	• 절반으로 나누어서 가른 각각의 몫
전심전력 •	• 온 마음과 온 힘을 기울임
반반 •	• 가까운 곳은 잘 보이지 않고 먼 곳은 잘 보이는 시력

2. 다음 뜻을 가진 어휘를 쓰세요.

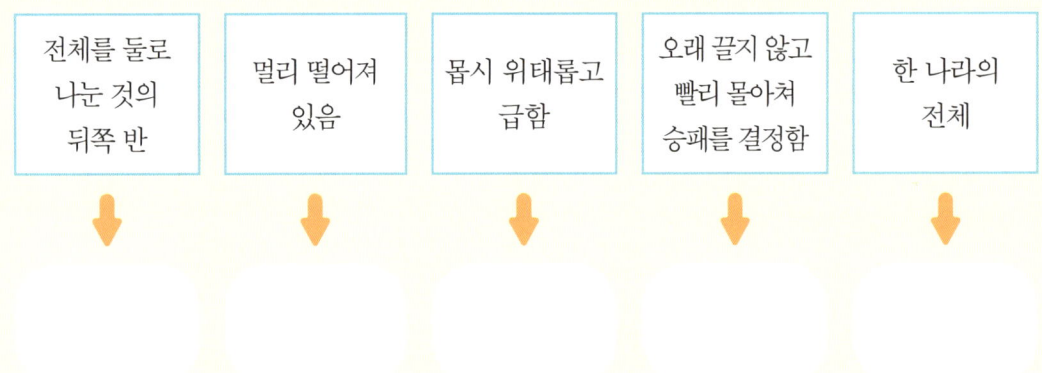

3. 다음의 뜻이 되도록 보기에서 알맞은 한자어를 골라 쓰세요.

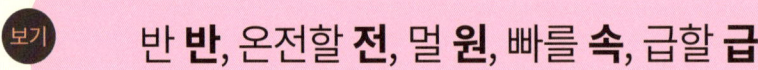

보기: 반 **반**, 온전할 **전**, 멀 **원**, 빠를 **속**, 급할 **급**

1) 모든 인원 ➡ ☐ + 인원 **원**

2) 삼면은 바다로 둘러싸이고 한 면은 육지에 이어진 땅 ➡ ☐ + 섬 **도**

3) 멀고 큰 꿈을 꿈 ➡ ☐ + 큰 **대**

4) 필요하지도 않고 급하지도 않음 ➡ 아닐 **불** + 요긴할 **요** + 아닐 **불** + ☐

5) 물체가 나아가거나 일이 진행되는 빠르기 ➡ ☐ + 정도 **도**

4. 다음 어휘를 이용해 한 문장 글쓰기를 해 보세요.

영원불멸

➡ _____

급격

➡ _____

시속

➡ _____

완전

➡ _____

반신반의

➡ _____

正

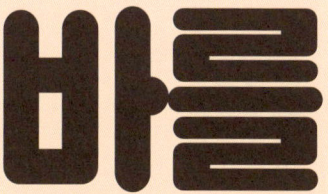
공부한 날

월 일

뜻 소리
바를 정

추론력 꽉 잡아

한자의 뜻과 그림을 보고 단어의 뜻을 짐작해 보세요.

바를 정 + 굳을 확
정확

바를 정 + 곧을 직
정직

바를 정 + 문 문
정문

바를 정 + 바를 정 + 당당할 당 + 당당할 당
정정당당

어휘력 꽉 잡아 바를 정(正)이 숨어 있는 단어를 알아봅시다.

정확
바를 정 + 굳을 확

뜻
바르고 확실함

표현 1   민호는 정확한 답을 말했다.

표현 2   정확한 위치를 알려 주면 찾아갈게.

정직
바를 정 + 곧을 직

뜻
마음이 거짓없이 바르고 곧음

표현 1   예지는 정직해서 믿을 수 있어.

표현 2   정직하게 말하고 용서받았다.

정문
바를 정 + 문 문

뜻
건물의 정면에 있는 문

표현 1   학교 정문에서 잠시 후 만나자.

표현 2   놀이공원 정문 앞에는 많은 학생이 있었다.

정정당당
바를 정 + 바를 정 + 당당할 당 + 당당할 당

뜻
태도나 수단이 정당하고 떳떳함

표현 1   정정당당하게 승부를 가리자.

표현 2   정정당당한 사람만이 존경받을 수 있다.

 바를 정(正)을 넣어 한 문장 글쓰기를 해 보세요.

정확 _{바르고 확실함}

시계를 보고 _____

정직 _{마음이 거짓없이 바르고 곧음}

어떤 상황에서도 _____

정문 _{건물의 정면에 있는 문}

정문으로 가면 _____

정정당당 _{태도나 수단이 정당하고 떳떳함}

거짓으로 이긴다면 _____

 **창의력 꽉 잡아** — 바를 정(正)이 들어간 단어를 2개 이상 사용하여 문장을 써 보세요.

예시
정문 앞에서 **정확**하게 3시에 만나자.

 **탐구력 꽉 잡아**

1. 단어에 '정'이 들어간 경우를 책 혹은 주변에서 찾아 빈칸에 써 보세요.
2. 바를 정(正)이 사용된 단어에는 ○, 아니면 X를 표시해 보세요.

공정 (공평하고 올바름)
정상 (바른 상태)
정지 (중도에서 멈추거나 그침)
정차 (움직이던 차가 멈추어 섬)

 '멈춤'과 관련된 단어를 골라내 보세요.

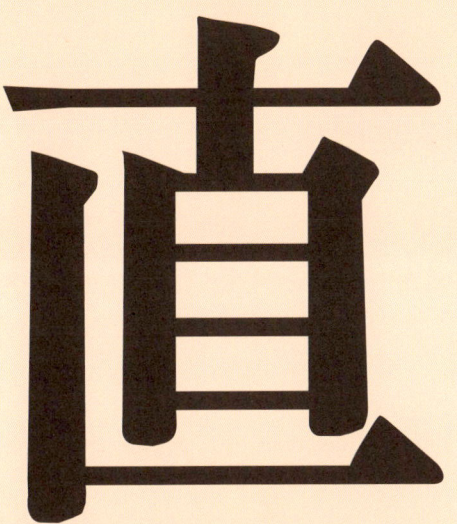

공부한 날
○월 ○일

뜻 소리
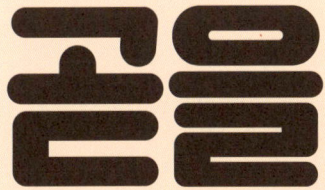 
곧을 직

 한자의 뜻과 그림을 보고 단어의 뜻을 짐작해 보세요.

곧을 직 + 나아갈 진
직진

드리울 수 + 곧을 직
수직

곧을 직 + 뒤 후
직후

아닐 불 + 물을 문 + 굽을 곡 + 곧을 직
불문곡직

 곧을 직(直)이 숨어 있는 단어를 알아봅시다.

직진
곧을 직 + 나아갈 진

뜻
곧게 나아감

표현 1 횡단보도를 건너 직진하면 우체국이 나온다.
표현 2 빛은 직진하는 성질이 있다.

수직
드리울 수 + 곧을 직

뜻
선과 면이 서로 만나 직각을 이룬 상태

표현 1 큰 나무가 하늘을 향해 수직으로 뻗어 있다.
표현 2 선생님은 칠판에 수직선을 그리셨다.

직후
곧을 직 + 뒤 후

뜻
어떤 일이 있고 난 바로 다음

표현 1 식사 직후에는 수영해서는 안 된다.
표현 2 그가 떠난 직후에 그녀가 도착했다.

불문곡직
아닐 불 + 물을 문 + 굽을 곡 + 곧을 직

뜻
굽고 곧음을 묻지 않음
옳고 그름을 따지지 아니함

표현 1 할아버지는 불문곡직하고 모두를 용서하셨다.
표현 2 이유도 듣지 않고 불문곡직 비난해서는 안 된다.

 곧을 직(直)을 넣어 한 문장 글쓰기를 해 보세요.

직진 곧게 나아감

로봇이 직진하다

수직 선과 면이 서로 만나 직각을 이룬 상태

수직으로 뻗은

직후 어떤 일이 있고 난 바로 다음

비가 그친 직후에

불문곡직 옳고 그름을 따지지 아니함

불문곡직하면

 곧을 직(直)이 들어간 단어를 2개 이상 사용하여 문장을 써 보세요.

예시

자동차가 **직진**을 한 **직후** 큰 사고가 났다.

1. 단어에 '직'이 들어간 경우를 책 혹은 주변에서 찾아 빈칸에 써 보세요.
2. 곧을 직(直)이 사용된 단어에는 ○, 아니면 X를 표시해 보세요.

 '일'과 관련된 단어를 골라내 보세요.

立

공부한 날　월　일

뜻　소리
설 립

추론력 꽉 잡아 — 한자의 뜻과 그림을 보고 단어의 뜻을 짐작해 보세요.

홀로 독 + 설 립
독립

나라 국 + 설 립
국립

대할 대 + 설 립
대립

설 립 + 몸 신 + 날릴 양 + 이름 명
입신양명 ★

★ '립'은 단어의 앞에 위치하면 '입'으로 씁니다.

 설 립(立)이 숨어 있는 단어를 알아봅시다.

독립
홀로 독 + 설 립

다른 곳에 의존하지 않고 홀로 섬

표현 1 우리나라는 1945년 8월 15일 독립을 이루었다.

표현 2 형은 독립해서 직장 근처에서 혼자 산다.

국립
나라 국 + 설 립

나라에서 세움

표현 1 이번 주말에는 국립 박물관에 가기로 했다.

표현 2 지우네와 함께 국립 공원에서 캠핑을 했다.

대립
대할 대 + 설 립

의견 따위가 서로 반대됨

표현 1 서로 다른 의견으로 대립하고 있다.

표현 2 갈등과 대립을 평화롭게 끝내야 한다.

입신양명
설 립 + 몸 신 + 날릴 양 + 이름 명

출세하여 이름을 세상에 떨침

표현 1 열심히 공부해 결국 입신양명했다.

표현 2 입신양명해서 부모님께 효도하고 싶다.

 **글쓰기 꽉 잡아** 설 립(立)을 넣어 한 문장 글쓰기를 해 보세요.

독립 _{다른 곳에 의존하지 않고 홀로 섬}

독립하지 않으면 _____

국립 _{나라에서 세움}

국립 도서관에서 _____

대립 _{의견 따위가 서로 반대됨}

대립 끝에 결국 _____

입신양명 _{출세하여 이름을 세상에 떨침}

입신양명을 한다 해도 _____

 설 립(立)이 들어간 단어를 2개 이상 사용하여 문장을 써 보세요.

우리 민족끼리 대립하지 말고 일본으로부터 독립을 이루자.

 다음 '설 립'이 들어간 어휘와 그 뜻으로 알맞은 것을 골라 선으로 연결하세요.

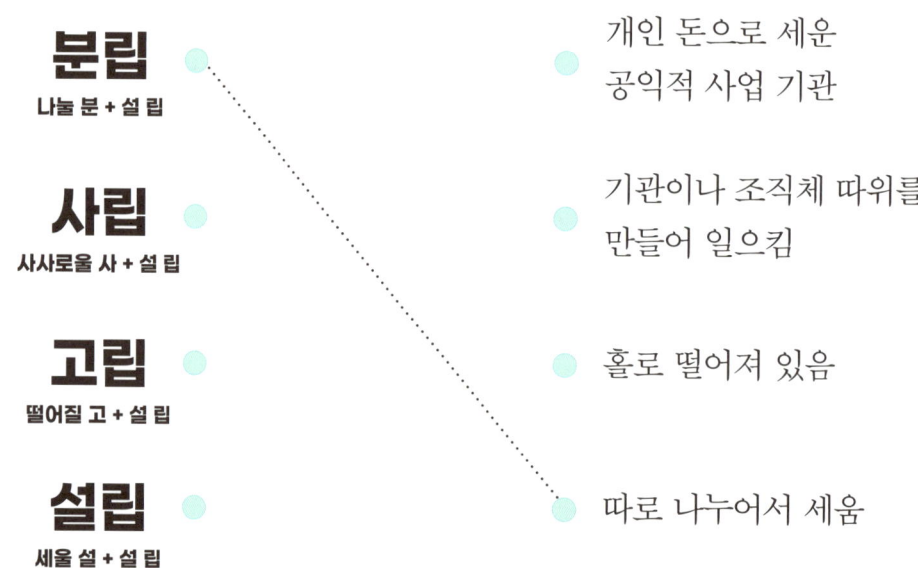

공부한 날 월 일

뜻 소리
통할 통

 추론력 꽉 잡아

한자의 뜻과 그림을 보고 단어의 뜻을 짐작해 보세요.

통할 통 + 소식 신
통신

통할 통 + 지날 과
통과

통할 통 + 나눌 분
통분

한 일 + 모 방 + 통할 통 + 다닐 행
일방통행

 통할 통(通)이 숨어 있는 단어를 알아봅시다.

통신
통할 통 + 소식 신

뜻

소식을 전하여 서로 통하게 하는 일
소식을 전함

표현 1   휴대폰과 인터넷 덕분에 통신이 쉽고 편해졌다.

표현 2   봉화와 편지는 옛날의 통신 기술이다.

통과
통할 통 + 지날 과

뜻

어떤 장소를 통하여 지나감

표현 1   비행기가 구름을 통과하며 날아올랐다.

표현 2   학교에 가려면 큰 다리를 통과해야 한다.

통분
통할 통 + 나눌 분

뜻

두 분수의 분모를 같게 만듦

표현 1   1/3과 1/4를 더하려면 통분해야 한다.

표현 2   통분을 할 때는 분자의 값도 바꾸어 주어야 한다.

일방통행
한 일 + 모 방 + 통할 통 + 다닐 행

뜻

한 방향으로만 가도록 함

표현 1   일방통행 길에서는 자동차가 한 방향으로만 가야 한다.

표현 2   너는 네 의견만 강요해서 너무 일방통행이야.

 통할 통(通)을 넣어 한 문장 글쓰기를 해 보세요.

통신 소식을 전하여 서로 통하게 하는 일
통신 기술이

통과 어떤 장소를 통하여 지나감
시험을 통과하려면

통분 두 분수의 분모를 같게 만듦
통분은 나에게

일방통행 한 방향으로만 가도록 함
표지판을 보니

 통할 통(通)이 들어간 단어를 2개 이상 사용하여 문장을 써 보세요.

예시
일방통행이 아니라서 좁은 골목길에서 차들이 **통과**하지 못하고 있다.

1. 단어에 '통'이 들어간 경우를 책 혹은 주변에서 찾아 빈칸에 써 보세요.
2. 통할 통(通)이 사용된 단어에는 ○, 아니면 X를 표시해 보세요.

소통
(막힘 없이 잘 통함)

통솔
(무리를 거느려 다스림)

통치
(나라나 지역을 도맡아 다스림)

개통
(도로 따위를 완성하여 통하게 함)

 '다스림'과 관련된 단어를 골라내 보세요.

平

뜻 소리
평평할 평*

공부한 날
　월　일

한자의 뜻과 그림을 보고 단어의 뜻을 짐작해 보세요.

평평할 평 + 화목할 화	평평할 평 + 가지런할 등
평화	**평등**

용돈이야!

평평할 평 + 고를 균	클 태 + 평평할 평 + 성스러울 성 + 시대 대
평균	**태평성대**

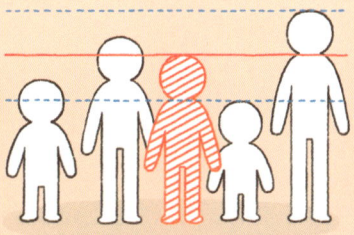

★ '평안하다'는 의미로도 사용됩니다.

 평평할 평(平)이 숨어 있는 단어를 알아봅시다.

평화
평평할 평 + 화목할 화

뜻
평온하고 화목함

표현 1 서로를 이해하고 존중하면 평화를 지킬 수 있다.

표현 2 전쟁이 나면 평화의 소중함을 알 수 있다.

평등
평평할 평 + 가지런할 등

뜻
권리와 의무 등이 차별 없이 고르고 한결같음

표현 1 선생님은 모두를 평등하게 대해 주셨다.

표현 2 법은 모든 사람에게 평등하게 적용되어야 한다.

평균
평평할 평 + 고를 균

뜻
질이나 양 따위를 통일적으로 고르게 한 것

표현 1 우리 반 수학 시험 평균 점수는 75점이다.

표현 2 축구 선수들의 평균 나이는 25세이다.

태평성대
클 태 + 평평할 평 + 성스러울 성 + 시대 대

뜻
어진 임금이 잘 다스리어 걱정 없이 평안한 시대

표현 1 조선 초 세종대왕 시절은 태평성대라고 할 만하다.

표현 2 태평성대를 만들려면 백성의 소리를 들어야 한다.

 평평할 평(平)을 넣어 한 문장 글쓰기를 해 보세요.

평화 _{평온하고 화목함}

아이들은 _____

평등 _{권리와 의무 등이 차별 없이 고르고 한결같음}

평등한 기회는 _____

평균 _{질이나 양 따위를 통일적으로 고르게 한 것}

우리 가족의 평균 나이는 _____ 세이다.

태평성대 _{어진 임금이 잘 다스리어 걱정 없이 평안한 시대}

태평성대가 오면 _____

 평평할 평(平)이 들어간 단어를 2개 이상 사용하여 문장을 써 보세요.

> 예시
> **태평성대**에는 모두가 **평화**롭고 **평등**하다.

1. 단어에 '평'이 들어간 경우를 책 혹은 주변에서 찾아 빈칸에 써 보세요.
2. 평평할 평(平)이 사용된 단어에는 ○, 아니면 X를 표시해 보세요.

공평
(공정하여 치우치지 않고 고름)

평가
(사물의 가치를 평함)

 **불평**
(마음에 들지 않아 못마땅하게 여김)

 **평점**
(평가하여 매기는 점수)

 '평가'와 관련된 단어를 골라내 보세요.

3주 차 복습

콩나물쌤의 강의를 먼저 듣고 공부를 시작하면 이해가 쏙쏙!
QR 코드를 스캔하면 강의 영상을 볼 수 있어요.

1. 다음 어휘를 보고 그 뜻으로 알맞은 것을 골라 선으로 연결하세요.

정확 • • 한 방향으로만 가도록 함

수직 • • 의견 따위가 서로 반대됨

대립 • • 평온하고 화목함

일방통행 • • 바르고 확실함

평화 • • 선과 면이 서로 만나 직각을 이룬 상태

2. 다음 뜻을 가진 어휘를 쓰세요.

권리와 의무 등이 차별 없이 고르고 한결같음	마음이 거짓 없이 바르고 곧음	어떤 일이 있고 난 바로 다음	출세하여 이름을 세상에 떨침	소식을 전하여 서로 통하게 하는 일
⬇	⬇	⬇	⬇	⬇

3. 다음의 뜻이 되도록 보기에서 알맞은 한자어를 골라 쓰세요.

보기 설 **립**, 곧을 **직**, 평평할 **평**, 통할 **통**, 바를 **정**

1) 어떤 장소를 통하여 지나감 ➡ ☐ + 지날 **과**

2) 질이나 양 따위를 통일적으로 고르게 한 것 ➡ ☐ + 고를 **균**

3) 건물의 정면에 있는 문 ➡ ☐ + 문 **문**

4) 옳고 그름을 따지지 아니함 ➡ 아닐 **불** + 물을 **문** + 굽을 **곡** + ☐

5) 다른 곳에 의존하지 않고 홀로 섬 ➡ 홀로 **독** + ☐

4. 다음 어휘를 이용해 한 문장 글쓰기를 해 보세요.

정정당당

➡ _____

직진

➡ _____

국립

➡ _____

통분

➡ _____

태평성대

➡ _____

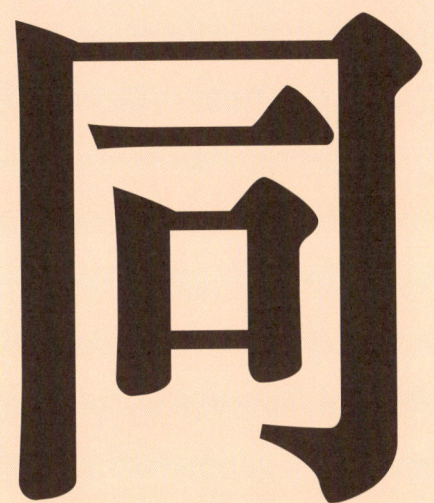

同 한가지(뜻) 동(소리)

공부한 날 ○월 ○일

추론력 꽉 잡아 — 한자의 뜻과 그림을 보고 단어의 뜻을 짐작해 보세요.

한가지 동 + 날 생
동생

한가지 동 + 한 일
동일

화합할 협 + 한가지 동
협동

한가지 동 + 병 병 + 서로 상 + 불쌍히 여길 련
동병상련

 한가지 동(同)이 숨어 있는 단어를 알아봅시다.

동생
한가지 동 + 날 생

뜻
한 부모 밑에서 태어난 손아랫사람

표현 1 동생과 그림을 그리며 놀았다.

표현 2 동생을 울려서 엄마에게 혼났다.

동일
한가지 동 + 한 일

뜻
모두 똑같음

표현 1 쌍둥이는 외모가 거의 동일하다.

표현 2 동일한 범죄가 여러 동네에서 일어났다.

협동
화합할 협 + 한가지 동

뜻
마음과 힘을 하나로 합함

표현 1 모두 협동해서 열심히 청소했다.

표현 2 협동한다면 어떤 문제든 해결할 수 있다.

동병상련
한가지 동 + 병 병 + 서로 상 + 불쌍히 여길 련

뜻
같은 병을 앓는 등 어려운 처지에 있는 사람끼리 서로 가엾게 여김

표현 1 시험에서 합격한 나와 민수는 서로 동병상련의 마음을 느꼈다.

표현 2 동병상련이라는 말도 있듯이 어려운 사람끼리 도와야 해.

 한가지 동(同)을 넣어 한 문장 글쓰기를 해 보세요.

동생 한 부모 밑에서 태어난 손아랫사람
동생이 넘어져

동일 모두 똑같음
어디를 가나

협동 마음과 힘을 하나로 합함
협동하지 않아서

동병상련 같은 병을 앓는 등 어려운 처지에 있는 사람끼리 서로 가엾게 여김
동병상련을 느꼈다.

 한가지 동(同)이 들어간 단어를 2개 이상 사용하여 문장을 써 보세요.

예시
동일한 목표를 가지고 **협동**한 덕분에 승리할 수 있었다.

1. 단어에 '동'이 들어간 경우를 책 혹은 주변에서 찾아 빈칸에 써 보세요.
2. 한가지 동(同)이 사용된 단어에는 ○, 아니면 X를 표시해 보세요.

'동네'와 관련된 단어를 골라내 보세요.

新

공부한 날 ◯월 ◯일

뜻 소리
새 신*

 한자의 뜻과 그림을 보고 단어의 뜻을 짐작해 보세요.

새 신 + 들을 문
신문

새 신 + 해 년
신년

새 신 + 재주 기 + 재주 술
신기술

익힐 온 + 옛날 고 + 알 지 + 새 신
온고지신

★ '새'는 새로운 것을 뜻합니다.

어휘력 꽉 잡아 — 새 신(新)이 숨어 있는 단어를 알아봅시다.

신문
새 신 + 들을 문

뜻
새로 들려오는 소식
사회에서 발생한 일을 알리는 간행물

- 표현 1: 할아버지는 아침마다 신문을 읽으셨다.
- 표현 2: 학교 신문에 체육 대회에 대한 기사가 실렸다.

신년
새 신 + 해 년

뜻
새로운 해

- 표현 1: 신년에는 열심히 운동해 살을 뺄 거야.
- 표현 2: 신년 첫날, 해돋이를 보러 갔다.

신기술
새 신 + 재주 기 + 재주 술

뜻
새로 나온 기술

- 표현 1: 신기술 덕분에 로봇이 사람처럼 말하기 시작했다.
- 표현 2: 신기술을 사용해 미세먼지 문제를 해결했다.

온고지신
익힐 온 + 옛날 고 + 알 지 + 새 신

뜻
옛것을 익히고 새것을 앎

- 표현 1: 온고지신의 자세로 열심히 배우겠습니다.
- 표현 2: 역사를 배우면 온고지신의 지혜를 얻을 수 있다.

 **글쓰기 꽉 잡아** 새 신(新)을 넣어 한 문장 글쓰기를 해 보세요.

신문 _{사회에서 발생한 일을 알리는 간행물}

신문을 통해 _____

신년 _{새로운 해}

신년 목표는 _____

신기술 _{새로 나온 기술}

_____ 신기술을 개발했다.

온고지신 _{옛것을 익히고 새것을 앎}

옛이야기는 _____

 새 신(新)이 들어간 단어를 2개 이상 사용하여 문장을 써 보세요.

예시
신년에는 **신문**을 열심히 읽어 보기로 마음먹었다.

1. 단어에 '신'이 들어간 경우를 책 혹은 주변에서 찾아 빈칸에 써 보세요.
2. 새 신(新)이 사용된 단어에는 ○, 아니면 X를 표시해 보세요.

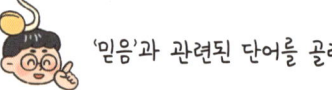 '믿음'과 관련된 단어를 골라내 보세요.

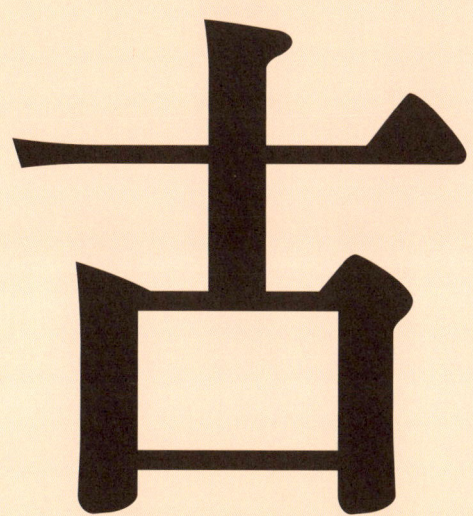

공부한 날
　월　일

뜻　　소리
옛　고

한자의 뜻과 그림을 보고 단어의 뜻을 짐작해 보세요.

옛 고 + 물건 물
고물

옛 고 + 책 서
고서

옛 고 + 시대 대
고대

옛 고 + 책 전 + 글월 문 + 배울 학
고전문학

 옛 고(古)가 숨어 있는 단어를 알아봅시다.

고물
옛 고 + 물건 물

뜻
옛날 물건

표현 1 창고 안에는 고물이 많이 있었다.

표현 2 고물도 재활용하면 다시 쓸 수 있다.

고서
옛 고 + 책 서

뜻
오래된 책

표현 1 유적지에서 수많은 고서가 발견되었다.

표현 2 고서에는 옛사람들의 지혜가 담겨 있다.

고대
옛 고 + 시대 대

뜻
옛 시대

표현 1 고조선부터 삼국 시대까지를 고대라고 부른다.

표현 2 피라미드는 고대 이집트에서 만들어졌다.

고전문학
옛 고 + 책 전 + 글월 문 + 배울 학

뜻
예부터 전해 내려오는 가치 있는 문학

표현 1 흥부와 놀부, 홍길동전은 잘 알려진 고전문학이다.

표현 2 고전문학을 통해 옛사람들의 생활 모습을 알 수 있다.

 옛 고(古)를 넣어 한 문장 글쓰기를 해 보세요.

고물 _{옛날 물건}

고물은

고서 _{오래된 책}

역사 선생님은

고대 _{옛 시대}

박물관에서

고전문학 _{예부터 전해 내려오는 가치 있는 문학}

오늘 학교에서

 옛 고(古)가 들어간 단어를 2개 이상 사용하여 문장을 써 보세요.

예시
수많은 고전문학이 담긴 고서가 발견되었다.

 1. 단어에 '고'가 들어간 경우를 책 혹은 주변에서 찾아 빈칸에 써 보세요.
2. 옛 고(古)가 사용된 단어에는 ○, 아니면 X를 표시해 보세요.

 '괴로움'과 관련된 단어를 골라내 보세요.

공부한 날
○월 ○일

뜻 소리
맑을 **청**

추론력 꽉 잡아 한자의 뜻과 그림을 보고 단어의 뜻을 짐작해 보세요.

맑을 청 + 깨끗할 정
청정

맑을 청 + 쓸 소
청소

맑을 청 + 깨끗할 결
청결

맑을 청 + 청렴할 렴 + 깨끗할 결 + 흰 백
청렴결백

 맑을 청(淸)이 숨어 있는 단어를 알아봅시다.

청정
맑을 청 + 깨끗할 정

뜻
맑고 깨끗함

- 표현1 산에서 청정한 공기를 마시니 마음이 편안하다.
- 표현2 청정에너지를 이용하면 더 깨끗한 환경을 지킬 수 있다.

청소
맑을 청 + 쓸 소

뜻
쓸고 닦아 깨끗하게 함

- 표현1 방 청소를 하고 나니 기분이 좋아졌다.
- 표현2 오늘 우리는 교실을 청소하기로 했다.

청결
맑을 청 + 깨끗할 결

뜻
깨끗하고 말끔함

- 표현1 음식을 만드는 사람은 청결에 주의해야 한다.
- 표현2 청결을 유지하려면 손을 자주 씻어야 한다.

청렴결백
맑을 청 + 청렴할 렴 + 깨끗할 결 + 흰 백

뜻
마음이 맑고 깨끗하여 욕심이 없음

- 표현1 청렴결백한 사람은 거짓말을 하지 않는다.
- 표현2 청렴결백한 태도로 일해 모두의 신뢰를 얻었다.

 **글쓰기 꽉 잡아** 맑을 청(淸)을 넣어 한 문장 글쓰기를 해 보세요.

청정 맑고 깨끗함
계곡에서

청소 쓸고 닦아 깨끗하게 함
엄마는

청결 깨끗하고 말끔함
청결하지 못하면

청렴결백 마음이 맑고 깨끗하여 욕심이 없음
임금은

 맑을 청(淸)이 들어간 단어를 2개 이상 사용하여 문장을 써 보세요.

> 예시
> **청렴결백**한 그는 몸의 **청결**에도 특별히 신경 썼다.

1. 단어에 '청'이 들어간 경우를 책 혹은 주변에서 찾아 빈칸에 써 보세요.
2. 맑을 청(淸)이 사용된 단어에는 ○, 아니면 X를 표시해 보세요.

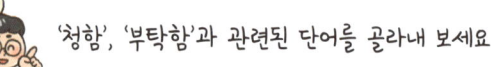 '청함', '부탁함'과 관련된 단어를 골라내 보세요.

明

뜻 소리
밝을 명

 한자의 뜻과 그림을 보고 단어의 뜻을 짐작해 보세요.

비칠 조 + 밝을 명
조명

드러낼 발 + 밝을 명
발명

밝을 명 + 밝을 료
명료

밝을 명 + 같을 약 + 볼 관 + 불 화
명약관화

 밝을 명(明)이 숨어 있는 단어를 알아봅시다.

조명
비칠 조 + 밝을 명

뜻
빛을 이용하여 밝게 비춤

표현 1 조명이 어두워 책을 읽기 어려웠다.

표현 2 무대 조명이 주인공을 비추기 시작했다.

발명
드러낼 발 + 밝을 명

뜻
세상에 없던 물건을 새로 만들어 냄

표현 1 자동차가 발명되자 사람들의 이동이 편리해졌다.

표현 2 지구 환경을 보호할 수 있는 기술을 발명하고 싶다.

명료
밝을 명 + 밝을 료

뜻
뚜렷하고 분명함

표현 1 선생님께서 어려운 내용을 명료하게 설명해 주셨다.

표현 2 그의 말은 명료해서 이해하기가 쉽다.

명약관화
밝을 명 + 같을 약 + 볼 관 + 불 화

뜻
불을 보듯 분명하고 뻔함

표현 1 그 계획이 실패하리라는 것은 명약관화하다.

표현 2 삼촌이 거짓말을 하고 있다는 것은 명약관화했다.

글쓰기 꽉 잡아 밝을 명(明)을 넣어 한 문장 글쓰기를 해 보세요.

조명 <small>빛을 이용하여 밝게 비춤</small>

조명을 켜자 _____

발명 <small>세상에 없던 물건을 새로 만들어 냄</small>

나는 _____

명료 <small>뚜렷하고 분명함</small>

명료하게 말하려면 _____

명약관화 <small>불을 보듯 분명하고 뻔함</small>

내일이 되면 _____

 밝을 명(明)이 들어간 단어를 2개 이상 사용하여 문장을 써 보세요.

예시
에디슨이 **발명**한 전구 덕분에 **조명**을 사용할 수 있게 되었다.

 1. 단어에 '명'이 들어간 경우를 책 혹은 주변에서 찾아 빈칸에 써 보세요.
2. 밝을 명(明)이 사용된 단어에는 ○, 아니면 X를 표시해 보세요.

'목숨'과 관련된 단어를 골라내 보세요.

4주 차 복습

1. 다음 어휘를 보고 그 뜻으로 알맞은 것을 골라 선으로 연결하세요.

동생 • • 한 부모 밑에서 태어난 손아랫사람

신년 • • 빛을 이용하여 밝게 비춤

고대 • • 마음이 맑고 깨끗하여 욕심이 없음

청렴결백 • • 새로운 해

조명 • • 옛 시대

2. 다음 뜻을 가진 어휘를 쓰세요.

세상에 없던 물건을 새로 만들어 냄	모두 똑같음	새로 나온 기술	예부터 전해 내려오는 가치 있는 문학	맑고 깨끗함
⬇	⬇	⬇	⬇	⬇

3. 다음의 뜻이 되도록 보기에서 알맞은 한자어를 골라 쓰세요.

보기: 한가지 **동**, 새 **신**, 밝을 **명**, 옛 **고**, 맑을 **청**

1) 쓸고 닦아 깨끗하게 함 ➡ [　　　] + 쓸 **소**

2) 뚜렷하고 분명함 ➡ [　　　] + 밝을 **료**

3) 마음과 힘을 하나로 합함 ➡ 화합할 **협** + [　　　]

4) 옛것을 익히고 새것을 앎 ➡ 익힐 **온** + 옛날 **고** + 알 **지** + [　　　]

5) 옛날 물건 ➡ [　　　] + 물건 **물**

4. 다음 어휘를 이용해 한 문장 글쓰기를 해 보세요.

동병상련

➡ _____

신문

➡ _____

고서

➡ _____

청결

➡ _____

명약관화

➡ _____

向

공부한 날 ◯월 ◯일

뜻 향할 **소리** 향 *

추론력 꽉 잡아 — 한자의 뜻과 그림을 보고 단어의 뜻을 짐작해 보세요.

윗 상 + 향할 향
상향

뜻 의 + 향할 향
의향

성질 성 + 향할 향
성향

바람 풍 + 향할 향 + 셀 계
풍향계

★ '어떤 한쪽을 목표로 나아감'을 뜻합니다.

 **어휘력 꽉 잡아** 향할 향(向)이 숨어 있는 단어를 알아봅시다.

상향
윗 상 + 향할 향

뜻
위를 향함

표현1 운전기사가 전조등을 상향으로 조정했다.
표현2 이번 시험의 목표 점수를 상향하기로 했다.

의향
뜻 의 + 향할 향

뜻
마음이 향하는 바

표현1 엄마는 우리의 의향을 물어보고 저녁 메뉴를 결정했다.
표현2 아빠는 놀이동산에 갈 의향이 없다.

성향
성질 성 + 향할 향

뜻
성질에 따른 경향

표현1 요즘 사람들은 소비 성향이 강하다.
표현2 조용한 성향의 사람들은 혼자 있는 시간을 즐긴다.

풍향계
바람 풍 + 향할 향 + 셀 계

뜻
바람의 방향을 관측하는 계기

표현1 기상청에서는 풍향계를 사용해 날씨를 예측한다.
표현2 운동장의 풍향계가 남쪽을 가리키고 있었다.

 '계기'는 무언가를 측정하는 기구를 뜻합니다.

 향할 향(向)을 넣어 한 문장 글쓰기를 해 보세요.

상향 위를 향함

조명을 ....

의향 마음이 향하는 바

다른 사람의 ....

성향 성질에 따른 경향

명수는 .... 성향이 있다.

풍향계 바람의 방향을 관측하는 계기

오늘은 ....

 향할 향(向)이 들어간 단어를 2개 이상 사용하여 문장을 써 보세요.

> **예시**
> 가격을 **상향** 조정할 **의향**이 있니?

1. 단어에 '향'이 들어간 경우를 책 혹은 주변에서 찾아 빈칸에 써 보세요.
2. 향할 향(向)이 사용된 단어에는 ○, 아니면 X를 표시해 보세요.

 '고향'과 관련된 단어를 골라내 보세요.

공부한 날　월　일

뜻　소리
대할 대

한자의 뜻과 그림을 보고 단어의 뜻을 짐작해 보세요.

대할 대 + 응할 응
대응

대할 대 + 모양 상
대상

원수 적 + 대할 대
적대

대할 대 + 사람 인 + 관계할 관 + 맬 계
대인 관계

 대할 대(對)가 숨어 있는 단어를 알아봅시다.

대응
대할 대 + 응할 응

뜻
상황에 맞추어 태도를 취함

표현1 상대방의 전략에 빠르게 대응해서 이길 수 있었다.
표현2 비상 상황에는 침착하게 대응해야 한다.

대상
대할 대 + 모양 상

뜻
어떤 일의 상대나 목적

표현1 내가 이겨내야 할 대상은 나 자신이다.
표현2 그녀는 너무나 독특해 연구 대상이다.

 '큰 상'을 뜻하는 대상(大賞)과는 다른 의미입니다.

적대
원수 적 + 대할 대

뜻
적으로 대함

표현1 그는 적대적인 태도로 상대를 대했다.
표현2 적대감을 품으면 마음이 불편하다.

대인 관계
대할 대 + 사람 인 + 관계할 관 + 맺을 계

뜻
사람을 대하고 사귀는 일

표현1 친절하게 행동하면 대인 관계가 좋아진다.
표현2 행복해지려면 좋은 대인 관계가 중요하다.

 대할 대(對)를 넣어 한 문장 글쓰기를 해 보세요.

대응 상황에 맞추어 태도를 취함
자연재해에

대상 어떤 일의 상대나 목적
이 게임의 대상은

적대 적으로 대함
적대적인 행동 대신

대인 관계 사람을 대하고 사귀는 일
삼촌은

 대할 대(對)가 들어간 단어를 2개 이상 사용하여 문장을 써 보세요.

예시
적대적인 사람에게 맞는 **대응** 방법을 연구 중이다.

 1. 단어에 '대'가 들어간 경우를 책 혹은 주변에서 찾아 빈칸에 써 보세요.
2. 대할 대(對)가 사용된 단어에는 ○, 아니면 X를 표시해 보세요.

대남
(남쪽을 상대로 함)

대처
(어떤 일에 대하여 알맞게 처리함)

대기
(때나 기회를 기다림)

대피
(위험이 지나가기를 기다리며 피함)

 '기다림'과 관련된 단어를 골라내 보세요.

氣

공부한 날 ○월 ○일

뜻 소리
기운 기*

한자의 뜻과 그림을 보고 단어의 뜻을 짐작해 보세요.

기운 기 + 따뜻할 온
기온

기운 기 + 몸 체
기체

축축할 습 + 기운 기
습기

살 생 + 기운 기 + 물 뿌릴 발 + 발랄할 랄
생기발랄

빨래가 안마르네.

★ '공기'라는 의미로도 많이 사용됩니다.

 기운 기(氣)가 숨어 있는 단어를 알아봅시다.

기온
기운 기 + 따뜻할 온

대기의 온도

표현 1 오늘 아침 기온이 낮아서 따뜻한 옷을 입었다.

표현 2 한낮에는 기온이 높아서 땀을 많이 흘렸다.

기체
기운 기 + 몸 체

공기처럼 일정한 모양과 부피가 없는 물질의 상태

표현 1 풍선에 기체를 넣으면 부풀어 오른다.

표현 2 수증기는 물이 기체로 변한 형태이다.

습기
축축할 습 + 기운 기

축축한 기운

표현 1 장마철에는 습기가 많아 옷이 잘 마르지 않는다.

표현 2 습기를 제거하기 위해 제습기를 켰다.

생기발랄
살 생 + 기운 기 + 물 뿌릴 발 + 발랄할 랄

싱싱한 기운이 있고 기세가 활발함

표현 1 생기발랄한 아이들이 운동장에서 뛰어놀고 있다.

표현 2 강아지가 생기발랄하게 뛰어다녔다.

 **글쓰기 꽉 잡아** 기운 기(氣)를 넣어 한 문장 글쓰기를 해 보세요.

기온 _{대기의 온도}
날씨 예보에서

기체 _{공기처럼 일정한 모양과 부피가 없는 물질의 상태}
기체는

습기 _{축축한 기운}
습기가 많으면

생기발랄 _{싱싱한 기운이 있고 기세가 활발함}
봄이 되니

 **창의력 꽉 잡아** 기운 기(氣)가 들어간 단어를 2개 이상 사용하여 문장을 써 보세요.

> 예시
> **기온**이 높아지면 **기체**는 활발히 움직인다.

 **탐구력 꽉 잡아**
1. 단어에 '기'가 들어간 경우를 책 혹은 주변에서 찾아 빈칸에 써 보세요.
2. 기운 기(氣)가 사용된 단어에는 ○, 아니면 X를 표시해 보세요.

온기 (따뜻한 기운)　　　　　　　기록 (남길 목적으로 어떤 사실을 적음)

원기 (타고난 기운)　기사 (신문 등에서 사실을 알리는 글)

 '적고 쓰는 것'과 관련된 단어를 골라내 보세요.

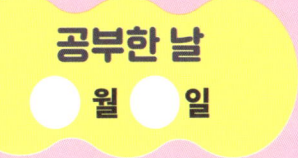
공부한 날 ○월 ○일

뜻 소리
필 **발** *

한자의 뜻과 그림을 보고 단어의 뜻을 짐작해 보세요.

필 발 + 날 생
발생

필 발 + 이를 달
발달

날 출 + 필 발
출**발**

성낼 노 + 필 발 + 클 대 + 필 발
노**발**대**발**

★ '쏘다' 혹은 '드러내다'라는 의미로도 많이 사용됩니다.

필 발(發)이 숨어 있는 단어를 알아봅시다.

발생
필 발 + 날 생

뜻
어떤 일이나 사물이 생겨남

표현 1 화재가 발생해 소방차가 출동했다.

표현 2 문제가 발생하면 침착하게 대처해야 한다.

발달
필 발 + 이를 달

뜻
신체, 지능 따위가 성장하거나 성숙함
기술, 문명 등이 보다 높은 수준에 이름

표현 1 꾸준한 운동으로 신체가 발달했다.

표현 2 과학 기술의 발달로 더 편리한 삶이 가능해졌다.

출발
날 출 + 필 발

뜻
목적지를 향해 나아감

표현 1 출발선에 서서 신호를 기다렸다.

표현 2 출발하기 전에 자리를 정리했다.

노발대발
성낼 노 + 필 발 + 클 대 + 필 발

뜻
몹시 화가 나 펄펄 뛰며 성을 냄

표현 1 아버지는 거짓말을 한 누나에게 노발대발하셨다.

표현 2 화가는 작품이 망가지자 노발대발 화를 냈다.

필 발(發)을 넣어 한 문장 글쓰기를 해 보세요.

발생 어떤 일이나 사물이 생겨남

사고가 _____

발달 신체, 지능 따위가 성장하거나 성숙함

인터넷 발달로 _____

출발 목적지를 향해 나아감

여행을 _____

노발대발 몹시 화가 나 펄펄 뛰며 성을 냄

할아버지께서 _____

 필 발(發)이 들어간 단어를 2개 이상 사용하여 문장을 써 보세요.

예시
기차역에 사고가 발생해 출발이 지연되자 엄마는 노발대발하셨다.

1. 단어에 '발'이 들어간 경우를 책 혹은 주변에서 찾아 빈칸에 써 보세요.
2. 필 발(發)이 사용된 단어에는 ○, 아니면 X를 표시해 보세요.

'머리털'과 관련된 단어를 골라내 보세요.

消 사라질 소
뜻 소리

공부한 날 ○월 ○일

추론력 꽉 잡아

한자의 뜻과 그림을 보고 단어의 뜻을 짐작해 보세요.

사라질 소 + 독할 독
소독

사라질 소 + 쓸 비
소비

사라질 소 + 없앨 모
소모

사라질 소 + 될 화 + 아닐 불 + 어질 량
소화 불량

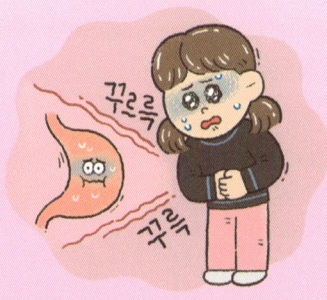

 사라질 소(消)가 숨어 있는 단어를 알아봅시다.

소독
사라질 소 + 독할 독

뜻
독을 사라지게 함
병원균을 죽이는 일

표현1 상처에 소독약을 발랐다.

표현2 의사는 수술 전 손과 도구를 소독했다.

소비
사라질 소 + 쓸 비

뜻
돈, 물자 등을 써서 없앰

표현1 여행자금을 모으기 위해 소비를 줄였다.

표현2 자원을 적게 소비하면 환경을 보호할 수 있다.

소모
사라질 소 + 없앨 모

뜻
써서 없앰

표현1 오랜 운동으로 체력이 소모되었다.

표현2 화면을 켜 두었더니 배터리가 모두 소모되었다.

소화 불량
사라질 소 + 될 화 + 아닐 불 + 어질 량

뜻
먹은 음식의 영양분을
잘 흡수하지 못하는 증상

표현1 너무 급하게 먹어 소화 불량에 걸렸다.

표현2 소화 불량으로 배가 많이 아프다.

 뱃속에서 음식의 형태를 사라지게 해서 '사라질 소'를 사용합니다.

 사라질 소(消)를 넣어 한 문장 글쓰기를 해 보세요.

소독 독을 사라지게 함

상처를 _____

소비 돈, 물자 등을 써서 없앰

여름에는 _____

소모 써서 없앰

에너지를 소모했으니 _____

소화 불량 먹은 음식의 영양분을 잘 흡수하지 못하는 증상

소화 불량이 있을 때는 _____

 사라질 소(消)가 들어간 단어를 2개 이상 사용하여 문장을 써 보세요.

예시
운동을 통해 에너지도 소비하고 소화 불량도 예방했다.

 1. 단어에 '소'가 들어간 경우를 책 혹은 주변에서 찾아 빈칸에 써 보세요.
2. 사라질 소(消)가 사용된 단어에는 ○, 아니면 X를 표시해 보세요.

 '쓸어냄'과 관련된 단어를 골라내 보세요.

5주 차 복습

1. 다음 어휘를 보고 그 뜻으로 알맞은 것을 골라 선으로 연결하세요.

상향 •		• 위를 향함
대상 •		• 축축한 기운
습기 •		• 독을 사라지게 함
노발대발 •		• 어떤 일의 상대나 목적
소독 •		• 몹시 화가 나 펄펄 뛰며 성을 냄

2. 다음 뜻을 가진 어휘를 쓰세요.

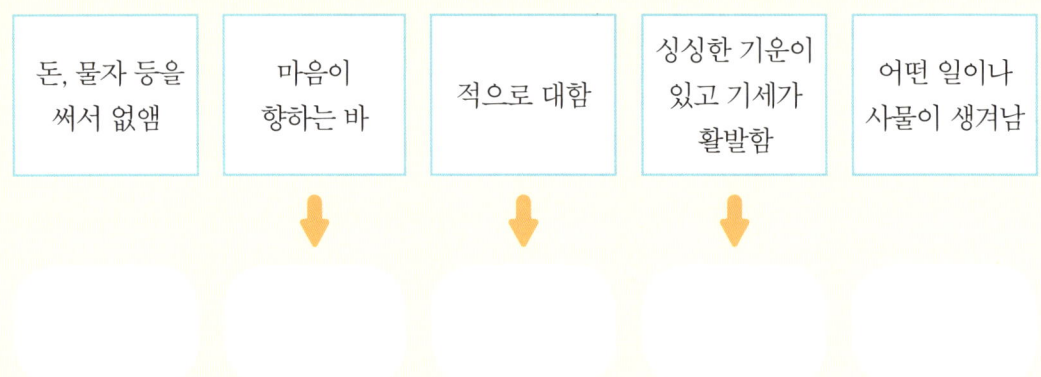

3. 다음의 뜻이 되도록 보기에서 알맞은 한자어를 골라 쓰세요.

> 보기: 사라질 **소**, 향할 **향**, 대할 **대**, 필 **발**, 기운 **기**

1) 신체, 지능 따위가 성장하거나 성숙함 ➡ ☐ + 이를 **달**

2) 써서 없앰 ➡ ☐ + 없앨 **모**

3) 성질에 따른 경향 ➡ 성질 **성** + ☐

4) 사람을 대하고 사귀는 일 ➡ ☐ + 사람 **인** + 관계할 **관** + 맬 **계**

5) 대기의 온도 ➡ ☐ + 따뜻할 **온**

4. 다음 어휘를 이용해 한 문장 글쓰기를 해 보세요.

풍향계

➡ _____

대응

➡ _____

기체

➡ _____

출발

➡ _____

소화 불량

➡ _____

공부한 날 ◯월 ◯일

在
있을 재
뜻 / 소리

추론력 꽉 잡아

한자의 뜻과 그림을 보고 단어의 뜻을 짐작해 보세요.

있을 존 + 있을 재
존재

있을 재 + 일자리 직
재직

아닐 부 + 있을 재
부재

스스로 자 + 말미암을 유 + 스스로 자 + 있을 재
자유자재

 있을 재(在)가 숨어 있는 단어를 알아봅시다.

존재
있을 존 + 있을 재

🌸 뜻
현실에 실제로 있음

표현 1 엄마는 나에게 가장 중요한 존재다.

표현 2 세상에 존재하는 모든 생명체는 소중하다.

재직
있을 재 + 일자리 직

🌸 뜻
어떤 직장에 소속되어 근무하고 있음

표현 1 아빠는 자동차 회사에서 15년째 재직 중이시다.

표현 2 재직 중인 직원들이 모두 강당에 모였다.

부재
아닐 부 + 있을 재

🌸 뜻
그곳에 있지 아니함

표현 1 선생님 부재 시에는 조용히 자습해야 한다.

표현 2 부재중 전화가 5통이나 왔다.

자유자재
스스로 자 + 말미암을 유 + 스스로 자 + 있을 재

🌸 뜻
거침없이 자기 마음대로 할 수 있음

표현 1 형은 농구공을 자유자재로 다룰 수 있다.

표현 2 화가는 붓을 자유자재로 사용하여 그림을 그렸다.

 있을 재(在)를 넣어 한 문장 글쓰기를 해 보세요.

존재 현실에 실제로 있음
바닷속에는

재직 어떤 직장에 소속되어 근무하고 있음
재직 중에는

부재 그곳에 있지 아니함
어머니의 부재로

자유자재 거침없이 자기 마음대로 할 수 있음
새는

 있을 재(在)가 들어간 단어를 2개 이상 사용하여 문장을 써 보세요.

예시
아빠가 재직 중인 회사에 전화했지만 부재중이셨다.

1. 단어에 '재'가 들어간 경우를 책 혹은 주변에서 찾아 빈칸에 써 보세요.
2. 있을 재(在)가 사용된 단어에는 ○, 아니면 X를 표시해 보세요.

'재료'와 관련된 단어를 골라내 보세요.

공부한 날 ○월 ○일

근본 **본**

 한자의 뜻과 그림을 보고 단어의 뜻을 짐작해 보세요.

근본 본 + 능할 능

본능

근본 본 + 마음 심

본심

근본 본 + 말할 론

본론

근본 본 + 끝 말 + 뒤집힐 전 + 넘어질 도

본말전도

★ '뿌리', '책' 등의 의미로도 많이 사용됩니다.

 근본 본(本)이 숨어 있는 단어를 알아봅시다.

본능
근본 본 + 능할 능

뜻
생명체가 선천적으로 가진 충동

표현1 사냥은 사자의 본능이다.

표현2 사람은 본능적으로 맛있는 걸 먹고 싶어 한다.

본심
근본 본 + 마음 심

뜻
거짓이 없는 진짜 속마음

표현1 아빠는 화를 냈지만 본심은 걱정하고 있었다.

표현2 본심과 다르게 거짓말을 하고 말았다.

본론
근본 본 + 말할 론

뜻
말이나 글에서 주장이 있는 부분

표현1 글은 서론, 본론, 결론으로 나누어 써야 한다.

표현2 불필요한 말을 빼고 본론만 말해.

본말전도
근본 본 + 끝 말 + 뒤집힐 전 + 넘어질 도

뜻
사물의 순서나 이치 등이 거꾸로 됨

표현1 공부보다 게임을 먼저 하는 것은 본말이 전도된 행동이다.

표현2 지금 사소한 것에 신경을 쓰는 것은 본말전도예요.

 근본 본(本)을 넣어 한 문장 글쓰기를 해 보세요.

본능 생명체가 선천적으로 가진 충동

공이 날아오면

본심 거짓이 없는 진짜 속마음

본심을 모르니

본론 말이나 글에서 주장이 있는 부분

선생님께서는

본말전도 사물의 순서나 이치 등이 거꾸로 됨

본말전도 된 계획으로

 근본 본(本)이 들어간 단어를 2개 이상 사용하여 문장을 써 보세요.

예시
그는 **본심**을 말하고 싶었으나 **본능**적으로 참아 내었다.

 다음 '근본 본'이 들어간 어휘와 그 뜻으로 알맞은 것을 골라 선으로 연결하세요.

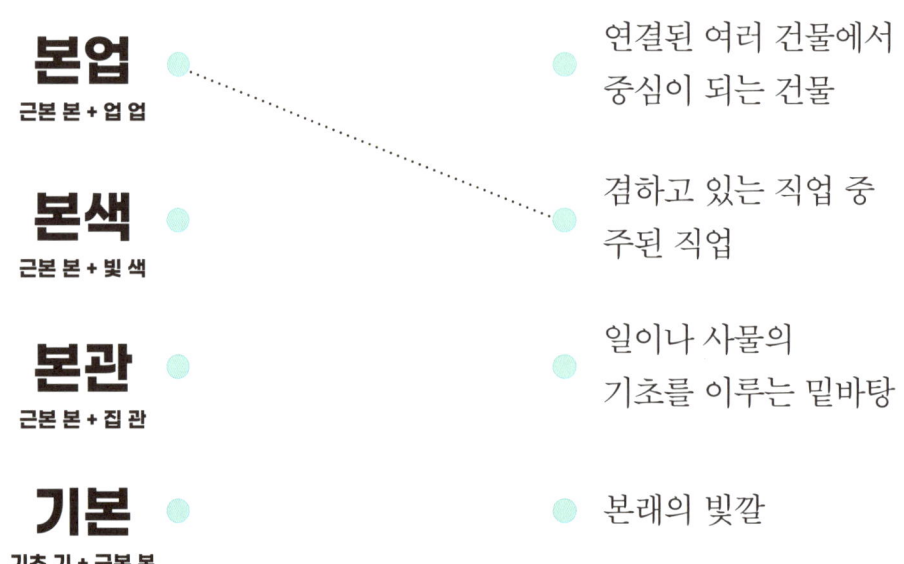

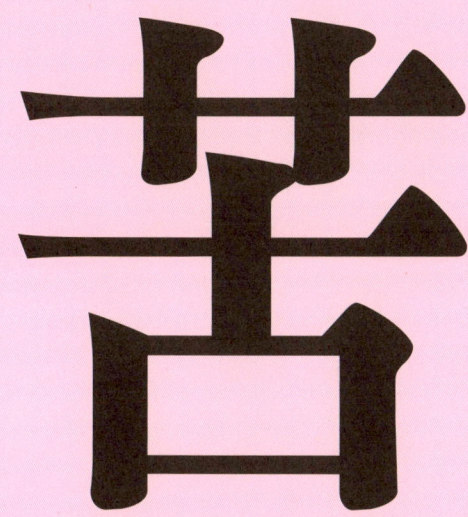

공부한 날
◯ 월 ◯ 일

뜻 소리
쓸 고*

한자의 뜻과 그림을 보고 단어의 뜻을 짐작해 보세요.

쓸 고 + 아플 통
고통

쓸 고 + 마음 심
고심

일할 노 + 괴로울 고
노고

쓸 고 + 다할 진 + 달 감 + 올 래
고진감래

★ '괴로움'이라는 뜻으로 많이 사용됩니다.

 **어휘력 꽉 잡아** 쓸 고(苦)가 숨어 있는 단어를 알아봅시다.

고통
쓸 고 + 아플 통

🔴 뜻

몸이나 마음이 괴롭고 아픔

표현 1 부상을 당한 군인은 큰 고통을 겪었다.

표현 2 고통 속에서도 포기하지 않고 노력했다.

고심
쓸 고 + 마음 심

🔴 뜻

몹시 애를 태우며 마음을 씀

표현 1 고심 끝에 과학 탐구 주제를 정했다.

표현 2 결정을 앞두고 그는 고심에 빠졌다.

노고
일할 노 + 괴로울 고

🔴 뜻

힘들게 일하느라 고생함

표현 1 엄마의 노고 덕분에 맛있는 저녁을 먹을 수 있었다.

표현 2 이번 우승은 감독님의 노고 덕분입니다.

고진감래
쓸 고 + 다할 진 + 달 감 + 올 래

🔴 뜻

쓴 것이 다하면 단 것이 옴
고생 끝에 즐거움이 옴

표현 1 고진감래라는 말을 믿고 꾸준히 노력한 덕에 결국 합격했다.

표현 2 고진감래라고 했지만 아직 좋은 결과는 얻지 못했다.

 쓸 고(苦)를 넣어 한 문장 글쓰기를 해 보세요.

고통 _{몸이나 마음이 괴롭고 아픔}
친구가 _____

고심 _{몹시 애를 태우며 마음을 씀}
고심했지만 _____

노고 _{힘들게 일하느라 고생함}
부모님의 _____

고진감래 _{쓴 것이 다하면 단 것이 옴}
고진감래라는 말을 듣고 _____

 쓸 고(苦)가 들어간 단어를 2개 이상 사용하여 문장을 써 보세요.

예시
고통스러운 실패를 **고심**하여 분석한 끝에 좋은 결과를 얻었다.

1. 단어에 '고'가 들어간 경우를 책 혹은 주변에서 찾아 빈칸에 써 보세요.
2. 쓸 고(苦)가 사용된 단어에는 ○, 아니면 X를 표시해 보세요.

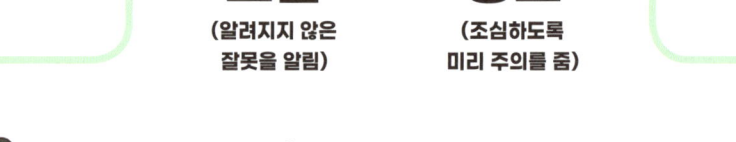
'알리는 것'과 관련된 단어를 골라내 보세요.

공부한 날 ○월 ○일

합할 합 (뜻: 합할, 소리: 합)★

 한자의 뜻과 그림을 보고 단어의 뜻을 짐작해 보세요.

합할 합 + 이치 리
합리

맞을 합 + 뜻 의
합의

맞을 합 + 법 법
합법

까마귀 오 + 합할 합 + 어조사 지 + 병졸 졸
오합지졸

★ '맞다'는 의미로도 많이 사용됩니다.

 어휘력 꽉 잡아

합할 합(合)이 숨어 있는 단어를 알아봅시다.

합리
합할 합 + 이치 리

뜻
이치에 합당함

- **표현 1** 아빠와 상의한 덕분에 합리적인 선택을 할 수 있었다.
- **표현 2** 합리적인 소비를 해야 돈을 아낄 수 있다.

합의
맞을 합 + 뜻 의

뜻
서로 의견이 일치함

- **표현 1** 그들은 다음주에 시합하기로 합의했다.
- **표현 2** 우리 반은 합의 끝에 청소 순서를 결정했다.

합법
맞을 합 + 법 법

뜻
법에 맞음

- **표현 1** 합법적으로 행동해야 문제가 생기지 않는다.
- **표현 2** 그는 합법적인 방법으로 큰돈을 벌었다.

오합지졸
까마귀 오 + 합할 합 + 어조사 지 + 병졸 졸

뜻
까마귀가 모인 것처럼 질서 없는 병졸
규율이 없고 무질서한 군중

- **표현 1** 오합지졸만 모여 승리의 가능성이 없다.
- **표현 2** 열심히 훈련받은 결과 오합지졸을 벗어나게 되었다.

 '합법'의 반댓말은 '불법'입니다.

 '병졸'은 병사를 높여 이르는 말입니다.

 합할 합(合)을 넣어 한 문장 글쓰기를 해 보세요.

합리 <small>이치에 합당함</small>
다투지 말고 _____

합의 <small>서로 의견이 일치함</small>
합의했지만 _____

합법 <small>법에 맞음</small>
만약 _____

오합지졸 <small>규율이 없고 무질서한 군중</small>
그들은 _____

 합할 합(合)이 들어간 단어를 2개 이상 사용하여 문장을 써 보세요.

예시
합법적인 방법만 사용해 승부하기로 **합의**했다.

 다음 '합할 합'이 들어간 어휘와 그 뜻으로 알맞은 것을 골라 선으로 연결하세요.

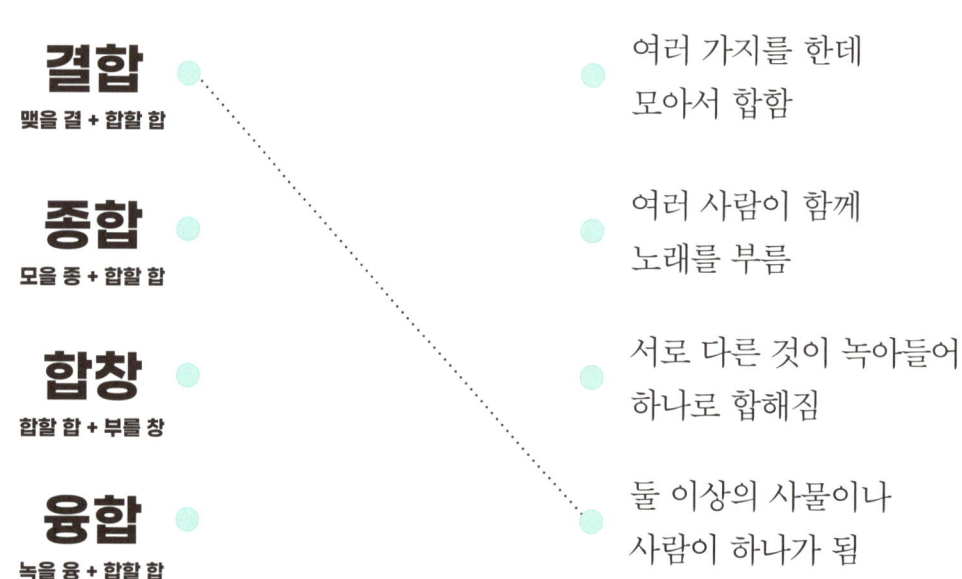

特 특별할 특
뜻 / 소리

공부한 날 　월　일

추론력 꽉 잡아

한자의 뜻과 그림을 보고 단어의 뜻을 짐작해 보세요.

특별할 특 + 빛 색
특색

특별할 특 + 다를 이
특이

특별할 특 + 들어줄 허
특허

특별할 특 + 다를 별 + 기다릴 대 + 만날 우
특별 대우

 특별할 특(特)이 숨어 있는 단어를 알아봅시다.

특색
특별할 특 + 빛 색

뜻
특별한 색깔
보통의 것과 특히 다른 점

- 표현1: 돌하루방과 푸른 바다는 제주도의 특색이다.
- 표현2: 한복은 고운 빛깔이 특색이다.

특이
특별할 특 + 다를 이

뜻
다른 것에 비해 특별히 다름

- 표현1: 그 나비의 날개에는 특이한 문양이 있었다.
- 표현2: 엄마가 특이한 맛이 나는 음식을 만들었다.

특허
특별할 특 + 들어줄 허

뜻
특별히 허락함
다른 사람이 이용하지 못하도록 한 권리

- 표현1: 이모는 새로운 발명품으로 특허를 받았다.
- 표현2: 특허를 받으면 다른 사람은 그 물건을 만들 수 없다.

특별 대우
특별할 특 + 다를 별 + 기다릴 대 + 만날 우

뜻
보통과 다르게 예의를 갖추어 대함

- 표현1: 유명 연예인은 사람들 사이에서 특별 대우를 받았다.
- 표현2: 사장님은 군인 아저씨들을 특별 대우 하셨다.

 그전에 없던 독특한 사물이나 아이디어에만 특허를 얻을 수 있습니다.

 특별할 특(特)을 넣어 한 문장 글쓰기를 해 보세요.

특색 특별한 색깔

나의 특색은 _____

특이 다른 것에 비해 특별히 다름

현수는 _____

특허 다른 사람이 이용하지 못하도록 한 권리

특허가 없다면 _____

특별 대우 보통과 다르게 예의를 갖추어 대함

특별 대우를 받으면 _____

 특별할 특(特)이 들어간 단어를 2개 이상 사용하여 문장을 써 보세요.

예시
특허를 낸 발명가는 사람들에게서 **특별** 대우를 받았다.

 다음 '특별할 특'이 들어간 어휘와 그 뜻으로 알맞은 것을 골라 선으로 연결하세요.

특급 ·················· ● 특별한 등급
특별할 특 + 등급 급

특정 ● ● 특별히 파견함
특별할 특 + 정할 정

특파 ● ● 특별히 편집함
특별할 특 + 갈래 파

특집 ● ● 특별히 정함
특별할 특 + 모을 집

6주 차 복습

콩나물쌤의 강의를 먼저 듣고 공부를 시작하면 이해가 쏙쏙!
QR 코드를 스캔하면 강의 영상을 볼 수 있어요.

1. 다음 어휘를 보고 그 뜻으로 알맞은 것을 골라 선으로 연결하세요.

존재 • • 힘들게 일하느라 고생함

본심 • • 규율이 없고 무질서한 군중

노고 • • 거짓이 없는 진짜 속마음

오합지졸 • • 특별한 색깔

특색 • • 현실에 실제로 있음

2. 다음 뜻을 가진 어휘를 쓰세요.

3. 다음의 뜻이 되도록 보기에서 알맞은 한자어를 골라 쓰세요.

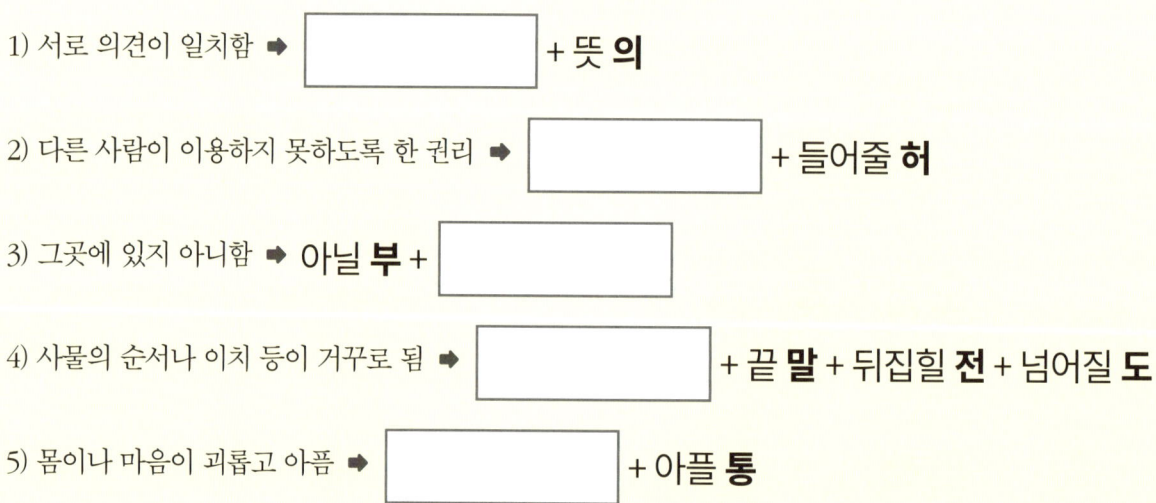

4. 다음 어휘를 이용해 한 문장 글쓰기를 해 보세요.

고심

➡ _____

합법

➡ _____

특별 대우

➡ _____

자유자재

➡ _____

본능

➡ _____

정답

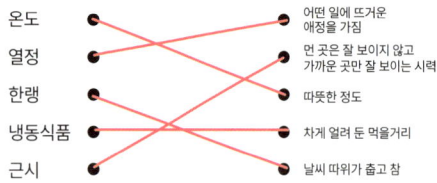

1. 다음 어휘를 보고 그 뜻으로 알맞은 것을 골라 선으로 연결하세요.

온도 — 따뜻한 정도
열정 — 어떤 일에 뜨거운 애정을 가짐
한랭 — 날씨 따위가 춥고 참
냉동식품 — 차게 얼려 둔 먹을거리
근시 — 먼 곳은 잘 보이지 않고 가까운 곳만 잘 보이는 시력

2. 다음 뜻을 가진 어휘를 쓰세요.

1) 근처
2) 온수
3) 가열
4) 순망치한
5) 냉수

3. 다음의 뜻이 되도록 보기에서 알맞은 한자어를 골라 쓰세요.

1) 찰 랭
2) 가까울 근
3) 따뜻할 온
4) 더울 열
5) 찰 한

4. 다음 어휘를 이용해 한 문장 글쓰기를 해 보세요.

(예시)
1) 요즘은 지구온난화 때문에 여름이 더 더워졌다.
2) 운동장을 한 바퀴 달렸더니 얼굴에 열기가 느껴졌다.
3) 겨울 산에 갈 때는 두꺼운 옷과 방한 장갑을 꼭 챙겨야 한다.
4) 냉대 기후 지역은 겨울이 길고 눈이 많이 온다.
5) 근묵자흑이라는 말처럼 나쁜 친구와 자꾸 어울리면 나도 따라 나빠질 수 있다.

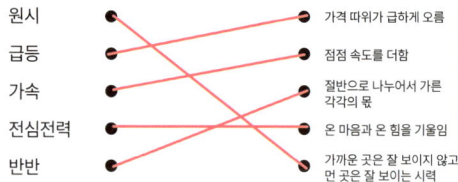

1. 다음 어휘를 보고 그 뜻으로 알맞은 것을 골라 선으로 연결하세요.

원시 — 가까운 곳은 잘 보이지 않고 먼 곳은 잘 보이는 시력
급등 — 가격 따위가 급하게 오름
가속 — 점점 속도를 더함
전심전력 — 온 마음과 온 힘을 기울임
반반 — 절반으로 나누어서 가른 각각의 몫

2. 다음 뜻을 가진 어휘를 쓰세요.

1) 후반
2) 원격
3) 위급
4) 속전속결
5) 전국

3. 다음의 뜻이 되도록 보기에서 알맞은 한자어를 골라 쓰세요.

1) 온전할 전
2) 반 반
3) 멀 원
4) 급할 급
5) 빠를 속

4. 다음 어휘를 이용해 한 문장 글쓰기를 해 보세요.

(예시)
1) 이야기 속 요정은 영원불멸의 존재이다.
2) 비가 오자 기온이 급격하게 떨어졌다.
3) 자동차가 시속 100km로 달린다.
4) 퍼즐 조각을 다 맞추니 그림이 완전하게 보인다.
5) 친구의 말이 정말인지 반신반의했다.

3주 차 복습

1. 다음 어휘를 보고 그 뜻으로 알맞은 것을 골라 선으로 연결하세요.

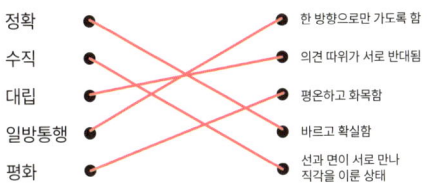

2. 다음 뜻을 가진 어휘를 쓰세요.

1) 평등
2) 정직
3) 직후
4) 입신양명
5) 통신

3. 다음의 뜻이 되도록 보기에서 알맞은 한자어를 골라 쓰세요.

1) 통할 통
2) 평평할 평
3) 바를 정
4) 곧을 직
5) 설 립

4. 다음 어휘를 이용해 한 문장 글쓰기를 해 보세요.

(예시)
1) 운동회에서는 정정당당하게 겨뤄야 한다.
2) 신호를 보고 길을 따라 직진했다.
3) 가족과 함께 국립 공원에 놀러 갔다.
4) 분모가 다를 때는 통분을 해야 한다.
5) 모두가 행복하게 사는 시대를 태평성대라고 한다.

4주 차 복습

1. 다음 어휘를 보고 그 뜻으로 알맞은 것을 골라 선으로 연결하세요.

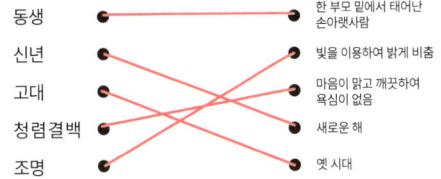

2. 다음 뜻을 가진 어휘를 쓰세요.

1) 발명
2) 동일
3) 신기술
4) 고진문힉
5) 청정

3. 다음의 뜻이 되도록 보기에서 알맞은 한자어를 골라 쓰세요.

1) 맑을 청
2) 밝을 명
3) 한가지 동
4) 새 신
5) 옛 고

4. 다음 어휘를 이용해 한 문장 글쓰기를 해 보세요.

(예시)
1) 나도 비슷한 아픔을 겪어서 동병상련의 마음이 든다.
2) 아빠는 매일 아침 신문을 읽는다.
3) 박물관에서 오래된 고서를 구경했다.
4) 건강을 지키려면 손을 자주 씻어 청결을 유지해야 한다.
5) 거짓말을 한 것이 명약관화하니 곧 들통날 것이다.

5주 차 복습

1. 다음 어휘를 보고 그 뜻으로 알맞은 것을 골라 선으로 연결하세요.

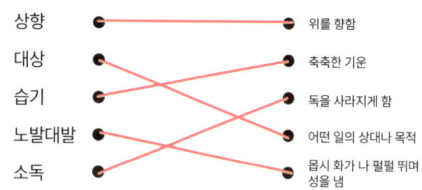

2. 다음 뜻을 가진 어휘를 쓰세요.

1) 소비
2) 의향
3) 적대
4) 생기발랄
5) 발생

3. 다음의 뜻이 되도록 보기에서 알맞은 한자어를 골라 쓰세요.

1) 필 발
2) 사라질 소
3) 향할 향
4) 대할 대
5) 기운 기

4. 다음 어휘를 이용해 한 문장 글쓰기를 해 보세요.

(예시)
1) 풍향계를 보면 바람의 방향을 알 수 있다.
2) 문제가 생기면 침착하게 대응해야 한다.
3) 공기처럼 눈에 보이지 않아도 기체는 존재한다.
4) 기차가 곧 출발하니 서둘러야 한다.
5) 음식을 너무 빨리 먹으면 소화 불량이 생긴다.

6주 차 복습

1. 다음 어휘를 보고 그 뜻으로 알맞은 것을 골라 선으로 연결하세요.

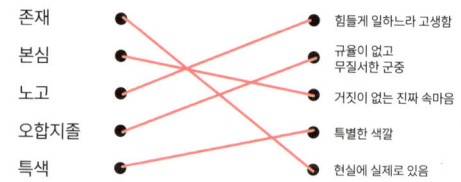

2. 다음 뜻을 가진 어휘를 쓰세요.

1) 특이
2) 재직
3) 본론
4) 고진감래
5) 합리

3. 다음의 뜻이 되도록 보기에서 알맞은 한자어를 골라 쓰세요.

1) 맞을 합
2) 특별할 특
3) 있을 재
4) 근본 본
5) 쓸 고

4. 다음 어휘를 이용해 한 문장 글쓰기를 해 보세요.

(예시)
1) 친구 생일 선물을 무엇으로 할지 오래 고심했다.
2) 합법적인 행동에 책임을 물을 수는 없다.
3) 공정하게 하려면 한 사람만 특별 대우해서는 안 된다.
4) 그림을 그리는 손놀림이 자유자재다.
5) 아기는 배가 고프면 우는 것이 본능이다.